JOE SACCO Palästina

JOE SACCO

Palästina

Eine Comic-Reportage

Aus dem Englischen von Waltraud Götting

ZWEITAUSENDEINS

Für Kenji, Erlis, Jamileh, Jad, Jemal und Schafik.

Deutsche Erstausgabe.
1. Auflage, Februar 2004.

Die amerikanische Originalausgabe ist 2001 unter dem Titel »Palestine« erschienen.

Lektorat: Ekkehard Kunze (Büro W, Wiesbaden).
Satz und Herstellung: Dieter Kohler GmbH, Nördlingen.
Lettering: Gerhard Förster, Wien.
Druck: Gutmann+Co GmbH, Talheim.
Einband: G. Lachenmaier, Reutlingen.
Printed in Germany.

Dieses Buch gibt es nur bei Zweitausendeins im Versand, Postfach, D-60381, Frankfurt am Main, Telefon 069-420 8000, Fax 069-415 003. Internet www.Zweitausendeins.de, E-Mail info@Zweitausendeins.de. Oder in den Zweitausendeins-Läden in Berlin, Düsseldorf, Essen, Frankfurt am Main, Freiburg, 2x in Hamburg, in Hannover, Köln, Mannheim, München, Nürnberg, Stuttgart.

In der Schweiz über buch 2000, Postfach 89, CH-8910 Affoltern a. A.

ISBN 3-86150-609-2

HOMMAGE AN JOE SACCO

Von Edward Said

Comics sind eine literarische Gattung, die man allgemein mit jugendlichem Alter assoziiert. Es gibt sie in allen Sprachen und Kulturkreisen, in der östlichen wie der westlichen Welt. Ihre Themen decken das ganze Spektrum von geistreich und fantastisch bis sentimental und kitschig ab, aber eines ist ihnen gemein: sie sind leicht zu lesen, weiterzugeben, zu verstauen und wegzuwerfen. Viele Comics, wie beispielsweise *Asterix* oder *Tim und Struppi,* sind fortlaufende Serien für eine jugendliche Leserschaft, die Monat für Monat treu die Abenteuer ihrer Helden verfolgt; mit der Zeit entwickeln sie, wie die beiden gerade erwähnten Comics, ein Eigenleben. Der Wiedererkennungseffekt der Figuren, Handlungsabläufe und Redewendungen macht aus den Lesern, ob in Ägypten, Indien oder Kanada, so etwas wie eine eingeschworene Gemeinschaft, in der jeder mit einer Reihe von Fakten und Namen vertraut ist und darauf Bezug nehmen kann. Meiner Erfahrung nach halten die meisten Erwachsenen Comics für eine triviale und kurzlebige Lektüre, die man beiseite legt, wenn man älter wird, außer in seltenen Ausnahmefällen, in denen sich (wie bei Art Spiegelmans *Maus* zum Beispiel) ein seriöser Comickünstler ein bitterernstes Thema vornimmt. Das aber ist, wie wir gleich sehen werden, wirklich eine seltene Ausnahme, denn dazu bedarf es zuerst und vor allem anderen eines außergewöhnlichen Talents.

Ich weiß nicht mehr genau, wann ich mein erstes Comicheft gelesen habe, aber ich erinnere mich sehr genau daran, wie herrlich subversiv ich mich dabei fühlte. Alles an dem faszinierenden, bunt bebilderten Heftchen, besonders aber sein regelwidriges, weit ausgreifendes Format, die farbenfrohe, chaotische Extravaganz seiner Bilder, der nahtlose Übergang zwischen Worten und Gedanken der Figuren, die exotischen Kreaturen und Abenteuer, die darin vorkamen – all das sorgte für einen herrlichen Kitzel, wie ich ihn bis dahin nie erlebt und für möglich gehalten hatte.

Mein Elternhaus und meine Erziehung in einem aus dem Rahmen fallenden arabisch-protestantischen Umfeld waren von Bildungsbeflissenheit und einem hohen akademischen Anspruch geprägt. Über allem lag eine unnachgiebige Strenge. Es waren damals nicht gerade die Tage der Fernsehunterhaltung und anderer leicht zugänglicher Vergnügungen. Unsere Verbindung zur Außenwelt war das Radio, und da Hollywoodfilme als ebenso unumgänglich wie moralisch fragwürdig betrachtet wurden, durften wir uns einen Film pro Woche ansehen. Jeder dieser Filme wurde von unseren Eltern zensiert und nach (für uns Kinder) unerfindlichen Kriterien als akzeptabel, das heißt nicht jugendgefährdend, ausgewählt.

1948, kurz nach der Besetzung Palästinas, wechselte ich, noch nicht ganz dreizehnjährig, auf die höhere Schule. Wie alle Mitglieder unserer Familie, ob männlich oder weiblich, besuchte ich britische Schulen, die genau dem Bild entsprachen, wie es in *Tom Browns Schuljahre* und den Beschreibungen von Eton, Harrow und Rugby vermittelt wurde, auf die ich beim Schmökern in meinen fast ausschließlich englischen Büchern gestoßen war. Diese widersprüchliche spätimperialistische Welt der vorwiegend arabischen und levantinischen Kinder und ihrer britischen Lehrer, deren Lehrpläne sich am Oxford and Cambridge School Certificate, wie der allgemeine britische

Oberschulabschluss damals hieß, orientierten, während um sie herum die mehrheitlich muslimisch-arabische Welt gerade einschneidende Veränderungen erlebte, wurde vom Einzug US-amerikanischer Comicheftchen – von Eltern und Schule prompt verboten – unverhofft wie von einer Flutwelle überschwemmt. Innerhalb weniger Stunden war ich eingetaucht in den verbotenen Strom der Abenteuer von Superman, Tarzan, Captain Marvel und Wonder Woman, die meine Gedanken beherrschten und von den nüchterneren und langweiligeren Dingen ablenkten, mit denen ich mich hätte beschäftigen sollen.

Der Versuch, aus meinen unnachgiebigen Eltern herauszubekommen, warum uns der Zugang zu dieser wunderbaren neuen Welt so strikt verwehrt wurde, führte zu nichts, außer zu der Erklärung, dass uns Comics von den Schularbeiten abhalten würden. Ich habe mich jahrelang bemüht, die hinter dem Verbot stehende Logik zu ergründen, und bin mit der Zeit zu dem Schluss gekommen, dass die ablehnende Haltung genau das erfasste (und sicher besser erfasste, als es mir damals möglich war), was Comics auf so gekonnte und einzigartige Weise tun. Da waren zum einen die Umgangssprache und die Gewalttätigkeit, die störend auf die ruhige und gesetzte Atmosphäre des Lernens wirkten. Zum anderen und vermutlich – wenn auch unausgesprochen – wichtiger noch war das Ventil, das diese unkonventionellen Figuren (noch dazu, wenn sie wie Sheena, die Königin des Dschungels, aufreizend dürftig bekleidet waren) für einen sexuell verklemmten Jugendlichen boten, indem sie unmögliche, aller Logik widersprechende Dinge taten und sagten, die, was noch entscheidender war, gegen gesellschaftlich akzeptierte Verhaltens- und Denknormen verstießen. Comics stellten die Logik des 1 + 1 = 2 auf den Kopf und lenkten unsere Gedanken auf andere Dinge als das, was die Lehrer von uns erwarteten oder was uns in einem Fach wie Geschichte abverlangt wurde. Ich erinnere mich lebhaft an das Hochgefühl, das ich empfand, wenn ich ein *Captain-Marvel*-Heftchen in meiner Schultasche schmuggelte und heimlich im Bus, unter der Bettdecke oder in der hintersten Bank im Klassenzimmer las. Im Übrigen waren Comics mit ihrer faszinierenden, überdeutlich betonten Verbindung von Wort und Bild von einer Direktheit, die den Eindruck unwiderlegbarer Wahrheit einerseits und einer erstaunlichen Nähe und Vertrautheit andererseits vermittelte. Auf eine Weise, die zu erforschen ich bis heute faszinierend finde, sprachen Comics in ihrer gnadenlosen Vordergründigkeit stärker als Trickfilme und Zeitungscartoons – aus denen ich mir persönlich nie viel gemacht habe – aus, was anders nicht ausgedrückt werden konnte, was man nicht sagen und sich nicht vorstellen durfte, und unterliefen so die gewohnten Regeln eines Denkens, das von pädagogischen und ideologischen Zwängen aller Art beherrscht und immer wieder neu geformt wird. Von alledem hatte ich damals noch keine Ahnung, aber ich spürte, dass mir Comics die Freiheit gaben, mir die Dinge anders vorzustellen und sie anders zu sehen.

Und nun Schnitt auf das letzte Jahrzehnt des zwanzigsten Jahrhunderts. Als Amerikaner palästinensischer Herkunft beschäftige ich mich zwangsläufig mit dem Kampf um Selbstbestimmung und Menschenrechte für das palästinensische Volk. Durch Entfernung, Krankheit und Exil am

aktiveren Eingreifen gehindert, übernahm ich die Rolle eines Advokaten in diesem schwierigen Fall, indem ich versuchte, die komplexe und oftmals unterdrückte Wahrheit in Wort und Schrift aufzuzeigen und gleichzeitig zu verfolgen, welchen Lauf die Geschichte unseres Volkes in Städten wie Amman und Beirut und später dann, als ich 1992 zum ersten Mal, seit meine Familie im Jahr 1947 Jerusalem verlassen hatte, Palästina wieder besuchen durfte, im Westjordanland und im Gazastreifen nahm.

Als ich meine Bemühungen unmittelbar nach dem »Sechstagekrieg« im Juni 1967 aufnahm, war es noch verpönt, das Wort »Palästina« in der Öffentlichkeit auch nur in den Mund zu nehmen. Ich erinnere mich an Zeiten, als im Umfeld von politischen Veranstaltungen und Vorträgen über Palästina Schilder mit der fanatischen Aufschrift »Es gibt kein Palästina« herumgetragen wurden, und Golda Meir verstieg sich 1969 zu dem berühmt gewordenen Ausspruch, es gebe keine Palästinenser. Ich habe mich als Autor und in meinen Vorträgen immer wieder darum bemüht, der verzerrten und herabwürdigenden Darstellung unserer Geschichte entgegenzuwirken und der palästinensischen Erzählung – von den Medien und von Heerscharen feindseliger Polemiker so effektiv negiert – zu Präsenz und einem menschlichen Gesicht zu verhelfen.

Vor ungefähr zehn Jahren brachte mein kleiner Sohn eines Tages aus heiterem Himmel Joe Saccos erstes Comicheft über Palästina mit nach Hause. Der Welt der Comics und des regen Tauschhandels mit den Heftchen längst entwachsen, hatte ich von der Existenz Saccos und seiner faszinierenden Arbeit noch nie etwas gehört. Mit einem Schlag fühlte ich mich zurückversetzt in die Zeit der ersten großen Intifada (1987–92) und, stärker noch, in die belebte und belebende Welt der Comics, die ich vor so langer Zeit gelesen hatte. Es war also in zweifacher Hinsicht ein Wiedererkennungseffekt. Die Lektüre zog mich in ihren Bann, und je länger ich in Saccos *Palästina*-Comics las – von denen es an die zehn gab, die jetzt alle in einem Band vereinigt sind und auf diese Weise, so hoffe ich, nicht nur mehr amerikanische Leser erreichen, sondern weltweit Verbreitung finden –, umso stärker wuchs in mir die Überzeugung, dass dies ein Werk von großer künstlerischer und politischer Bedeutung und außergewöhnlicher Kreativität ist, das sich von der langen, oft hoffnungslos verfahrenen und emotional überfrachteten Kontroverse zwischen Palästinensern, Israelis und ihren jeweiligen Fürsprechern wohltuend abhebt.

In einer mediengesättigten Welt, in der eine Hand voll Menschen in Städten wie London und New York über das Gros der Bilder, in denen uns die Nachrichten vermittelt werden, bestimmt, bildet eine solche Flut von Comicbildern und -texten in ihrer kompromisslosen Schärfe und – wo es die extreme Situation, die darin zum Ausdruck kommen soll, erfordert – ihrer manchmal grotesken Überzeichnung einen bemerkenswerten Gegenpol. In Joe Saccos Welt gibt es keine glattzüngigen Nachrichtensprecher und Moderatoren, keine salbungsvollen Berichte über israelische Siege und demokratische Errungenschaften, kein von aller historischen und gesellschaftlichen Realität entfremdetes und doch hartnäckig für wahr befundenes Bild von den Palästinensern als Steine werfende, verstockte, fundamentalistische Finsterlinge, deren höchstes Ziel darin besteht,

den friedliebenden, geplagten Israelis das Leben schwer zu machen. Stattdessen sehen wir das, was uns gezeigt wird, mit den Augen und durch die Person eines allgegenwärtigen schüchternen, jungen US-Amerikaners mit Bürstenschnitt, der in eine fremde, feindselige Welt der militärischen Besatzung, willkürlichen Verhaftungen und traumatischen Erlebnisse hineingestolpert zu sein scheint, eine Welt, für deren palästinensische Bewohner die Zerstörung ihrer Häuser, die Landenteignung, Folter (»leichter physischer Druck«) und schiere, großzügig, wenn auch etwas brutal ausgeteilte Gewalt (seitens des israelischen Soldaten beispielsweise, der, seine gewaltigen Zähne bleckend, die Leute daran hindert, eine Straßensperre im Westjordanland zu passieren, und zwar DARUM, wegen der M16, mit der er vor ihnen herumfuchtelt) das tägliche oder vielmehr stündliche Brot sind.

Joe Saccos oft ironisch geschilderte Begegnungen mit palästinensischen Bürgern in einem besetzten Land lassen keine offensichtliche Tendenz, keine leicht durchschaubare Doktrin erkennen. Er macht nicht den Versuch, ein Leben zu beschönigen, das zum großen Teil aus Unsicherheit, kollektiver Depression, Entbehrungen und, vor allem im Gazastreifen, aus ziellosem Umherwandern in dem beengten, unwirtlichen Areal, aus Umherwandern und Warten, Warten, Warten besteht. Diesen furchtbaren Zustand hat, mit Ausnahme einiger weniger Schriftsteller und Dichter, noch nie jemand so eindringlich geschildert wie Joe Sacco, dessen Bilder anschaulicher sind als alles, was man in einem Buch lesen oder im Fernsehen betrachten kann. Zusammen mit seinem Freund, dem japanischen Fotografen Saburo (der sich irgendwann einmal verlaufen zu haben scheint), ist Joe ein aufmerksamer Beobachter und Zuhörer, manchmal skeptisch und manchmal am Ende seiner Kraft, meist aber voller Verständnis und Humor, wenn er beispielsweise bemerkt, wie viel Zucker Palästinenser oft in ihren Tee löffeln, oder wenn er beschreibt, wie sie sich, unwillkürlich vielleicht, zusammenfinden, um ihre Leidensgeschichten auszutauschen wie Angler, die die Größe ihres Fangs, oder Jäger, die den Erfolg ihrer Pirsch vergleichen.

In den zahlreichen Episoden dieses Sammelbandes hat Sacco ein erstaunliches Spektrum an Figuren versammelt, und mit der beeindruckenden Fähigkeit des Comiczeichners, mit wenigen Strichen die charakteristischen Züge einzufangen (einen sorgfältig frisierten Schnauzbart hier, ein übertrieben großes Gebiss da, ein schmuckloses graues Gewand dort), gelingt es ihm, die Geschichten meisterlich und fast beiläufig vor unseren Augen ablaufen zu lassen. Dass er gemächlich und ohne konkretes Ziel umherstreift, macht deutlich, dass er weder ein Journalist auf der Suche nach einer Story ist noch ein Experte, der die Fakten darzulegen sucht, um eine Marschroute vorzugeben. Joe hält sich dort auf, um in Palästina zu sein, und sonst nichts – das heißt, um so lange wie möglich real an dem Leben teilzuhaben, das zu führen die Palästinenser gezwungen sind. Angesichts der herrschenden Machtverhältnisse zeichnet Sacco, der stets Partei für die Benachteiligten ergreift, das Bild der Israelis mit unverkennbarer Skepsis, manchmal sogar mit einer Portion Misstrauen. Ich meine damit nicht nur die offensichtlich unangenehmen Zeitgenossen wie die Heerscharen von Soldaten und Siedlern, die ständig und überall aufkreuzen,

um den Palästinensern gezielt das Leben schwer zu machen, sondern auch die so genannten Peaceniks, deren Eintreten für die Rechte der Palästinenser, wie es besonders in einer Episode gezeigt wird, so ambivalent, so ängstlich und letzen Endes uneffektiv ist, dass sie damit nur Wut und Enttäuschung ernten.

Joe Sacco ist vor Ort, um herauszufinden, warum die Dinge so sind, wie sie sind, und warum der Karren schon so lange im Dreck zu stecken scheint. Dass es ihn nach Palästina zieht, liegt zum einen (wie wir aus einem ausnehmend bizarren früheren Comic namens *War Junkie* erfahren) an der maltesischen Vergangenheit seiner Familie während des Zweiten Weltkriegs, zum anderen daran, dass sich die postmoderne Welt einem jungen, neugierigen Amerikaner so mühelos erschließt, und zum dritten daran, dass er wie Joseph Conrads Kapitän Marlow die in Vergessenheit geratenen Orte und Menschen dieser Welt sucht, diejenigen, die es nicht auf den Bildschirm unserer Fernseher schaffen oder, wenn doch, gewohnheitsmäßig als unbedeutende Randfiguren dargestellt werden, die man getrost vernachlässigen könnte, wenn sie nicht, wie die Palästinenser, ein Störfaktor wären, den man nicht einfach aus der Welt schaffen kann. Sacco verliert nie das einmalige Potenzial des Comics aus den Augen, eine surreale Welt so lebendig und in gewisser Weise so überwältigend eindringlich wiederzugeben wie ein Dichter seine Visionen, doch gleichzeitig gelingt es ihm, ganz unprätentiös eine Vielzahl von Informationen über die gesellschaftliche Entwicklung und die historischen Ereignisse zu vermitteln, denen es zu verdanken ist, dass die Palästinenser heute ungeachtet aller Friedensgespräche und ungeachtet der klebrigen Glanzschicht, mit der die heuchlerischen Wortführer unter den Politikern, Diplomaten und Medienauguren alles überziehen, in einem Zustand ohnmächtiger Stagnation leben.

Nirgendwo kommt Sacco näher an die Lebenswirklichkeit des Durchschnittspalästinensers heran als in seiner Schilderung des Alltags im Gazastreifen, der Hölle dieses Landes. Die unausgefüllte Zeit, die Eintönigkeit und Trostlosigkeit des täglichen Lebens in den Flüchtlingslagern, das Gemisch aus Sozialarbeitern, trauernden Müttern, arbeitslosen jungen Männern, Lehrern, Polizisten und Müßiggängern, die allgegenwärtigen, Tee oder Kaffee trinkenden Männergrüppchen, das Gefühl des Eingeschlossenseins, der schlammgraue, hässliche Anblick, den das Flüchtlingslager, dieser Inbegriff des gesamten palästinensischen Daseins, bietet: all das zeichnet Sacco mit erschreckender Genauigkeit und doch, so widersprüchlich das klingen mag, auch liebevoll nach. Als Figur ist Joe der einfühlsam-verständnisvolle Besucher, der nicht nur zu begreifen versucht, warum der Gazastreifen mit seinen hoffnungslos übervölkerten und dabei geschichtslosen Räumen die palästinensische Ohnmacht wie kein anderer Ort repräsentiert, sondern der auch zeigen will, dass diese Situation, die er in für die Leser nachvollziehbaren Erzählfolgen schildert, real existiert und im Bewusstsein der Menschen zur Kenntnis genommen werden muss.

Wenn Sie also genau hinschauen, werden Sie sehen, wie differenziert die Generationen gezeichnet sind, wie Kinder und Erwachsene ihre Entscheidungen treffen und ihr karges Leben leben, dass die einen reden und die anderen beharrlich schweigen, dass sie, mit den grauen Pullovern,

bunt zusammengewürfelten Mänteln und warmen *Hattas* eines improvisierten Daseins bekleidet, am Rande ihrer ursprünglichen Heimat leben, in der sie zu den traurigsten, machtlosesten und widersprüchlichsten aller Kreaturen, zu unliebsamen Fremden geworden sind. Das alles sehen Sie mit den Augen von Joe Sacco, wenn er sich aufmerksam, zurückhaltend, freundlich, spöttisch unter die Menschen mischt, so dass er in einem Akt tief empfundener Solidarität sein eigener Bildzeuge wird, also sozusagen er selbst in seinen eigenen Comics ist. Vor allem aber belegen seine Geschichten aus dem Gazastreifen auf anschauliche Weise das, was vor ihm andere Zeitzeuginnen (eine Israelin, eine US-amerikanische Jüdin und eine Amerikanerin, die vorher keinerlei Verbindung zum Nahen Osten hatte) so unvergesslich beschrieben haben: Amira Hass, die mutige israelische Korrespondentin der *Haaretz,* die vier Jahre lang im Gazastreifen gelebt und darüber berichtet hat; Sara Roy, die das Standardwerk über die gezielte Zerstörung der wirtschaftlichen Grundlagen im Gazastreifen geschrieben hat; und Gloria Emerson, die mit dem National Book Award for Non-fiction ausgezeichnete Journalistin, die ein Jahr geopfert hat, um unter den Menschen im Gazastreifen zu leben.

Dass Sacco als Zeichner des Alltags in den besetzten Palästinensergebieten allerdings eine so herausragende Stellung einnimmt, liegt daran, dass sein Interesse vor allem den Verlierern der Geschichte gilt. Am Ende der meisten Comics, die wir lesen, steht ein glorreicher Sieg: der Sieg des Guten über das Böse und des Gerechten über die Ungerechtigkeit oder auch nur der Triumph der Liebe zweier junger Menschen, die sich zu guter Letzt doch finden. Bei Superman werden die Schurken zum Teufel gejagt, und wir hören und sehen nie wieder etwas von ihnen. Tarzan durchkreuzt die Pläne verbrecherischer Weißer, die daraufhin unehrenhaft mit dem Schiff aus Afrika gebracht werden. Saccos *Palästina* hat mit alldem nichts zu tun. Die Menschen, in deren Mitte er lebt, sind die Verlierer der Geschichte, an den Rand gedrängt, wo sie mutlos, ohne große Hoffnung herumlungern und ihr einziger Zusammenhalt ihre bloße Zähigkeit ist, der meist unausgesprochene Wille, nicht aufzugeben, die Entschlossenheit, ihre Geschichte zu bewahren, sie wieder und wieder zu erzählen und sich allen Versuchen zu widersetzen, sie ganz und gar von der Bildfläche verschwinden zu lassen. Sacco hegt ein kluges Misstrauen gegen jede Militanz, besonders wenn sie in ihrer kollektiven Form auftritt, die sich in fanatischen Parolen und verbalem Fahnenschwenken Luft macht. Und er bietet auch keine Lösungen wie diejenigen an, die das Osloer Friedensabkommen zu einer Farce gemacht haben. Mit seinen Palästina-Comics bietet er seinen Lesern jedoch Gelegenheit, bei einem Volk zu verweilen, dessen Leiden und ungerechtes Schicksal schon viel zu lange andauern und auf menschlicher und politischer Ebene viel zu wenig Beachtung finden. Sacco hat die Kraft, uns mit seiner Kunst zu fesseln, sodass wir uns nicht ungeduldig abwenden, um bereitwillig einem dieser Slogans, einem dieser so armselig leicht durchschaubaren Märchen von Sieg und Erfüllung zu folgen. Und das ist vielleicht sein größtes Verdienst.

Vorwort des Autors

zur vollständigen Ausgabe von PALÄSTINA

Dieses Buch umfasst die neun Teile einer Comicserie namens *Palästina* erstmals in einem einzigen Band. Eine zweibändige Ausgabe der gesamten Serie liegt bereits vor. Ich habe *Palästina* geschrieben und gezeichnet, nachdem ich mich im Winter 1991/92, vor mehr als zehn Jahren also, zwei Monate in den besetzten Gebieten aufgehalten hatte. Seither wurde ein »Friedensprozess« in Gang gesetzt, der in einigen – zum Teil als »Durchbrüche« angepriesenen – Abkommen oder Pseudoabkommen gipfelte und zur Einrichtung einer Autonomiebehörde unter der Leitung Jassir Arafats in einigen Gebieten führte, aus denen sich die Israelis zurückgezogen haben. Aber trotz einiger Nobelpreise, die verliehen wurden, ist bis heute keines der entscheidenden Probleme – die Rückkehr oder Entschädigung palästinensischer Flüchtlinge, die illegal errichteten israelischen Siedlungen, die Jerusalem-Frage – gelöst worden. (Was die Siedler betrifft, so ist ihre Zahl weiterhin um Zehntausende gestiegen.) Aber selbst wenn man diese heiklen Fragen außer Acht lässt – was unmöglich ist –, hat der »Friedensprozess« den Palästinensern, die in den 1967 von Israel besetzten Gebieten leben, keine spürbaren Vorteile gebracht. Nach wie vor werden sie enteignet, werden ihre Häuser dem Erdboden gleichgemacht und ihre Olivenhaine umgepflügt. Nach wie vor sehen sie sich mit einer Besatzungsarmee und mit Siedlern konfrontiert, die der Waffen tragende verlängerte Arm dieser Armee sind (oder umgekehrt – manchmal ist das schwer zu unterscheiden). Die Abriegelung von Gebieten und die langfristigen Auswirkungen einer gezielten Austrocknung der palästinensischen Wirtschaft durch die Israelis haben dafür gesorgt, dass sich die Lebensbedingungen der palästinensischen Arbeiter und ihrer Familien seit der ersten Veröffentlichung dieser Serie noch verschlechtert haben. Misswirtschaft und Korruption in den Reihen der palästinensischen Autonomiebehörde haben ihren Teil zu dieser unglückseligen Entwicklung beigetragen.

Dieses Buch handelt von der ersten Intifada gegen die israelische Besatzungsmacht, der zur Zeit meines Besuchs gerade die Luft auszugehen begann. Während ich dieses Vorwort schreibe, findet eine zweite Intifada statt, weil sich, kurz gesagt, am Besatzungszustand und all den Folgen, die die Unterdrückung eines Volkes durch ein anderes nach sich zieht, nichts geändert hat. Palästinenser und Israelis werde fortfahren, sich gegenseitig im Kleinkrieg und in verheerenden Gewaltakten – mit Selbstmordattentaten, Kampfhubschraubern und Bombern – umzubringen, solange das Hauptproblem – die israelische Besatzung – nicht als eine Frage des internationalen Rechts und der Menschenrechte wahrgenommen und behandelt wird.

JOE SACCO
Juli 2001

ERSTER TEIL

Verkehr?
Ich atme Abgase und mein Rotz ist ganz schwarz!
SANYO
Und Krach?
Autohupen sind der ägyptische Ersatz fürs Heimkino!
Irre Stadt!
WAHNSINN!
15 Millionen Köpfe mit abgeschlagenem Huhn!
Zwischen Pyramiden und kindlichen Pharaonen schwirrt mir der Kopf!
Mir ist schwindlig!
KAIRO
TAXI!
Ich will hier raus!
Ich zieh einen Stuhl ran
Ich mache es mir bequem
Ich hänge an der Hotelrezeption rum
Es ist ruhiger und es wird jetzt philosophisch
ES GIBT SOLCHE UND SOLCHE MUSLIME!
Und Shreef ist ein verliebter Muslim!
Geigen, bitte!
Eine Frau aus Prag!
Ein Zwei-Tage-Schmachtfest!
Kerzenlicht und Nilfahrten!
Auf den Cairo-Tower für Gott weiß wieviel Geld!
In zwei Tagen hat er 500 ägyptische Pfund verprasst!
Und sie haben's noch nicht mal getrieben!
Taha rechnet wie ein Besessener!
600% DEINES MONATSLOHNS! EIN HALBJAHRESGEHALT IN ZWEI TAGEN!
ICH LIEBE SIE!
DU TRINKST, UM ZU VERGESSEN!
SIE SAGT, SIE VERLÄSST IHREN MANN WEGEN MIR!
JETZT SAGT SIE, SIE LIEBT IHN! 500 PFUND!
J. SACCO 7.92
3

Shreef sieht mich an
Ich bin aus dem westen
Ich werde ihn verstehen
IRGENDWANN TREFFE ICH SIE IN EUROPA
Er will Ägypten verlassen, damit sind wir schon zu zweit
Ich will ein Visum für Israel
ISRAEL?
ICH HAB KEIN PROBLEM MIT DEN ISRAELIS
SIE SIND WIE EUROPÄER
ICH WÜRDE ISRAEL PLATT MACHEN!
Oh Mann! Ich bin im Nahen Osten!
DASS DIE JUDEN DIE PALÄSTINENSER SO BEHANDELN, NACHDEM SIE SELBST SO BEHANDELT WORDEN SIND!
UND SIE WOLLEN JA NICHT MAL DA LEBEN! SIE WOLLEN NUR RAFFEN UND RAFFEN!
Aber was ist mit Camp David?
Sadat in Jerusalem?
Die Umarmung mit Begin?
HA!
Upps! Verzeihung!
J. SACCO 7·92

SADAT WAR EIN SEHR KLUGER MANN! ER WUSSTE, DASS ISRAEL DAMALS STARK WAR, ABER IN 50 JAHREN...?
SADAT HATTE EINEN PLAN!
Taha erläutert Sadats Plan
Er ist ziemlich verzwickt
Ich kann der Panzer-taktik nicht recht folgen
Inzwischen zählt Shreef seine Rock- und Popfavoriten auf:
BARCLAY JAMES HARVEST... PINK FLOYD... GEORGE MICHAEL... DEEP PURPLE...
HÖRST DU DAS?!
ER HAT DAS THEMA GEWECH-SELT!
DAS IST SEINE VOR-STELLUNG VON UNTER-HALTUNG!
WIEVIEL GIBST DU FÜR BÜCHER AUS?
ICH BIN EIN ARMER MANN UND GEBE IM MO-NAT 30 PFUND FÜR BÜCHER AUS!
UND DU GIBST IN ZWEI TAGEN 500 PFUND FÜR DIE DA AUS!
SIE LIEBT MICH.
LIEBE? HA! SIE WÜRDE IHRE KINDER VERLAS-SEN?!
Ein paar Tage später kriege ich mein Visum und verlasse Kairo
über den Suezkanal zur Sinaihalbinsel
wir passieren Schrottpanzer, ausgebrannt seit wann?
'56?
'67?
'73?
Ständig hält der Bus und die Fahrer springen raus und beraten sich untereinander und mit der Eskorte
Es ist eine weite und langsame Reise nach Palästina
Aber ich habe mich beeilt, Mann
Ich habe mich beeilt
Ich bin schon da
5

BLIND DATES
Drei Wochen später bin ich richtig gut. Achtet darauf, wie er reagiert. Ich bin hier in der Altstadt von Nablus und wir wissen beide, dass ich hier fremd bin. Seht euch das an...
SALAM ALAIKUM!
‚Friede sei mit dir.'
Er muss antworten:
ALAIKUM AS-SALAM!
‚Und Friede sei mit dir.'
Jetzt hab ich ihn!
Seht ihr, er winkt mich ran, er will sein Englisch ausprobieren, er will wissen, was ich hier tue, was ich von seinem Land halte...
seinem Land?
Und ob ich Tee trinke
Tee!
Schwer gezuckert!
Der Löffel als Maß der Gastfreundschaft!
Aber ich bin freundlich...
ICH LIEBE TEE.
... der ideale Gast in Palästina.
J. SACCO 7 92
6

ABER WAS HÄLTST DU NUN VON MEINEM LAND?
Ach, das schon wieder!
Also schön...
DIE BERGE!
Darauf wollte er nicht hinaus...
DIE OLIVEN-BÄUME!
...aber ich bin ein Schmeichler...
DIE ACKER-TERRASSEN!
...ein Unschuldslamm...
... und im Übrigen nicht beim israelischen Geheimdienst.
Aber falls er es nicht gehört hat...
DIESE BESATZUNGS-GESCHICHTE SIEHT WIRKLICH SCHLIMM AUS.
Kawumm!!
Jetzt habe ich Farbe bekannt!
Ich rede nicht mehr um den heißen Brei herum!
Und ich habe den Nagel auf den Kopf getroffen!
JA...
ABER WAS SOL LEN WIR TUN?
Ja, was?
Ganz meine Meinung!
Ich fühle mit euch und –
J. SACCO 7-92

Okay, das ist vielleicht nicht viel Mitgefühl kann eine Menge heiße Luft sein, hört euch mal an, wie es mir vor Jahren ging, als ich in Berlin war und mit Claudia über Klinghoffer sprach, und ich war schon ganz schön weit damals, ich fand, dass die Palästinenser einen eigenen Staat haben und sich selbst in die Scheiße reiten sollten wie alle anderen auch, und kommt uns der Name nicht irgendwie bekannt vor?
Klinghoffer
Amerikanischer Jude
Auf Kreuzfahrt mit seiner Frau und Freunden...
Genua, Neapel, Alexandria...
Vor Port Said wurde er von der Palästinensischen Befreiungsfront mit einem Kopfschuss getötet...
... und mit seinem Rollstuhl ins Mittelmeer geworfen.
Und ich war übrigens in Claudia verknallt, ich himmelte sie seit Monaten an, wartete nur auf den richtigen Moment, ich platzte schier in der Erwartung einer überreifen Euroromanze.
MAN MUSS DIE AMERIKANISCHEN MEDIEN KENNEN. SIE WOLLEN MENSCHLICHE ANTEILNAHME, KLINGHOFFER WIRD ERMORDET, UND WIR KRIEGEN DAS VOLLE PROGRAMM, DIE TRAUERNDE WITWE, WO ER GEWOHNT UND WAS ER ZU SEINEN CORNFLAKES GEGESSEN HAT, BIS ER UNS VORKOMMT WIE DER NACHBAR, DER SICH AB UND ZU UNSERE LEITER AUSLEIHT. VERSTEHST DU, WELCHE WIRKUNG DAS HAT?
J. SACCO 8·92

Es war zur fortgeschrittenen Stunde, wir hatten getrunken, und Claudia, die Halbirakerin war, in Damaskus Arabisch studiert und dort ihren palästinensischen Romeo, dessen Bruder mit Jassir auf Du und Du stand, zurückgelassen hatte – Claudia mag an diesem Punkt etwas wichtiges gesagt haben oder auch nicht …
Ich jedenfalls habe es:
DEN AMERIKANERN SIND DIE PROBLEME DER PALÄSTINENSER GLEICHGÜLTIG, WENN AMERIKANER BEI TERRORANGRIFFEN ERMORDET WERDEN. WENN EIN AMERIKANER SO UMS LEBEN KOMMT, GELTEN ALLE ARGUMENTE DER PALÄSTINENSER NICHTS!
NA JA …
ICH HABE NICHT VIEL AHNUNG VON DIESEN DINGEN …
Das stimmte zwar nicht, aber …
Das Gespräch war beendet!
Ein Kuss auf die Wange, und …
Ich ging allein nach Hause.
PALÄSTINENSISCHER FREUND! HA! ZICKE! TERRORISTEN-GROUPIE!
Unfair? Zugegeben, aber ich kriegte den Geschmack nicht aus dem Mund, Terrorismus und Palästinenser sind eine Suppe, das habe ich geschluckt, seit die Passagiermaschinen in der Wüste in die Luft flogen, wisst ihr noch, erinnert ihr euch an München und die zerfetzten Sportler, die Bus- und Flughafenattentate?
J. SACCO 8·92

Ich schon, mein Kopf brodelt über von TV-übertragenen Blutlachen ... klar hatte ich Mitleid wegen der verlorenen Heimat, aber was waren die Probleme der Palästinenser für mich verglichen mit Klinghoffer, der Cornflakes der Marke XY aß, dem ich meine Leiter geliehen haben könnte ...
Er ging über Bord der Achille Lauro direkt in mein Bewusstsein ein.
Und wenn die Palästinenser seit Jahrzehnten untergehen, vertrieben, ausgebombt und grün und blau getreten werden, habe ich mir, selbst wenn es in den Abendnachrichten kam, nie einen Namen oder ein Gesicht gemerkt, geschweige die Marke ihrer Cornflakes. Aber jetzt will mir mein Kumpel im Westjordanland ein paar Leute vorstellen, damit ich im Bild bin, er will, dass ich den Schmerz seines Volkes hautnah erlebe ...
DIESE FRAU, SIE HAT ACHT KINDER. IHR MANN SEHR ALT, SEHR KRANK. SIE BEKOMMT NICHTS VOM STAAT!
J. SACCO 8·92

DIESER HIER: SEIN VATER IST IM GEFÄNGNIS. WIE LANGE SCHON? VIER JAHRE!
DIESER HIER: SEIN SOHN WURDE VON SOLDATEN GETÖTET!
ER BLEIBT NICHT STE- HEN?
MACHT NICHTS.
DIESER HIER: SEIN SOHN IST IM GEFÄNGNIS!
DIESER HIER: ZWEI SÖHNE IM GEFÄNGNIS.
J. SACCO 8·92

Palästinensische Opfer, das stimmt!
Die lebende Bestätigung der vielen eidesstattlichen Erklärungen, die ich gelesen habe!
Das richtige Leben!
Aus nächster Nähe und fast persönlich!
Aber es wird Zeit für mich zu gehen!…
Jetzt bedankt er sich überschwänglich!
Er ist gerührt!
Ich komme von so weit her!
SCHREIBEN SIE ETWAS ÜBER UNS?
ICH ZEIGE IHNEN, SIE SEHEN!
ERZÄHLEN SIE VON UNS?
Aber ja doch!
Ich gehe und notiere mir alles!
Ich mache die Welt auf euer Leid aufmerksam!
Schaut in den nächsten Comicladen rein…
Ich gehe zum Taxihalteplatz zurück.
Mission ausgeführt!
Ich hab doch gesagt, dass ich gut bin!

In Jerusalem lernte ich einen amerikanischen Juden kennen, Dave, der seinen Kibbuzaufenthalt unterbrochen hatte, um sich die Heilige Stadt anzusehen
ECHT COOL HIER BEI NACHT, FINDEST DU NICHT?
TOTAL.
BEEINDRUCKEND.
IRGENDWIE KOMISCH, HIER AN DER KLAGEMAUER ZU STEHEN UND ZU MEINEN WURZELN ZURÜCKZUKEHREN.
AM FREITAG WAR ICH ZUM SABBATMAHL BEI EINEM URSPRÜNGLICH AUS NEW YORK STAMMENDEN ORTHODOXEN RABBI.
UND? WIE WAR'S?
INTERESSANT.
RÜCKKEHR
EIGENTLICH BIN ICH NICHT RELIGIÖS ERZOGEN ... ICH HATTE NICHT MAL MEINE BAR-MIZWA.
GEHEN WIR HIER REIN.
DA GIBT ES DIESE SCHÄCHTE, DIE BIS ZUM URSPRÜNGLICHEN FUNDAMENT DER MAUER HINUNTERREICHEN.
TIEF, WAS?
Es geht endlos hinunter...
wie bei den Gefühlen, die man für diese Stadt entwickelt, kann man den Grund kaum erkennen.

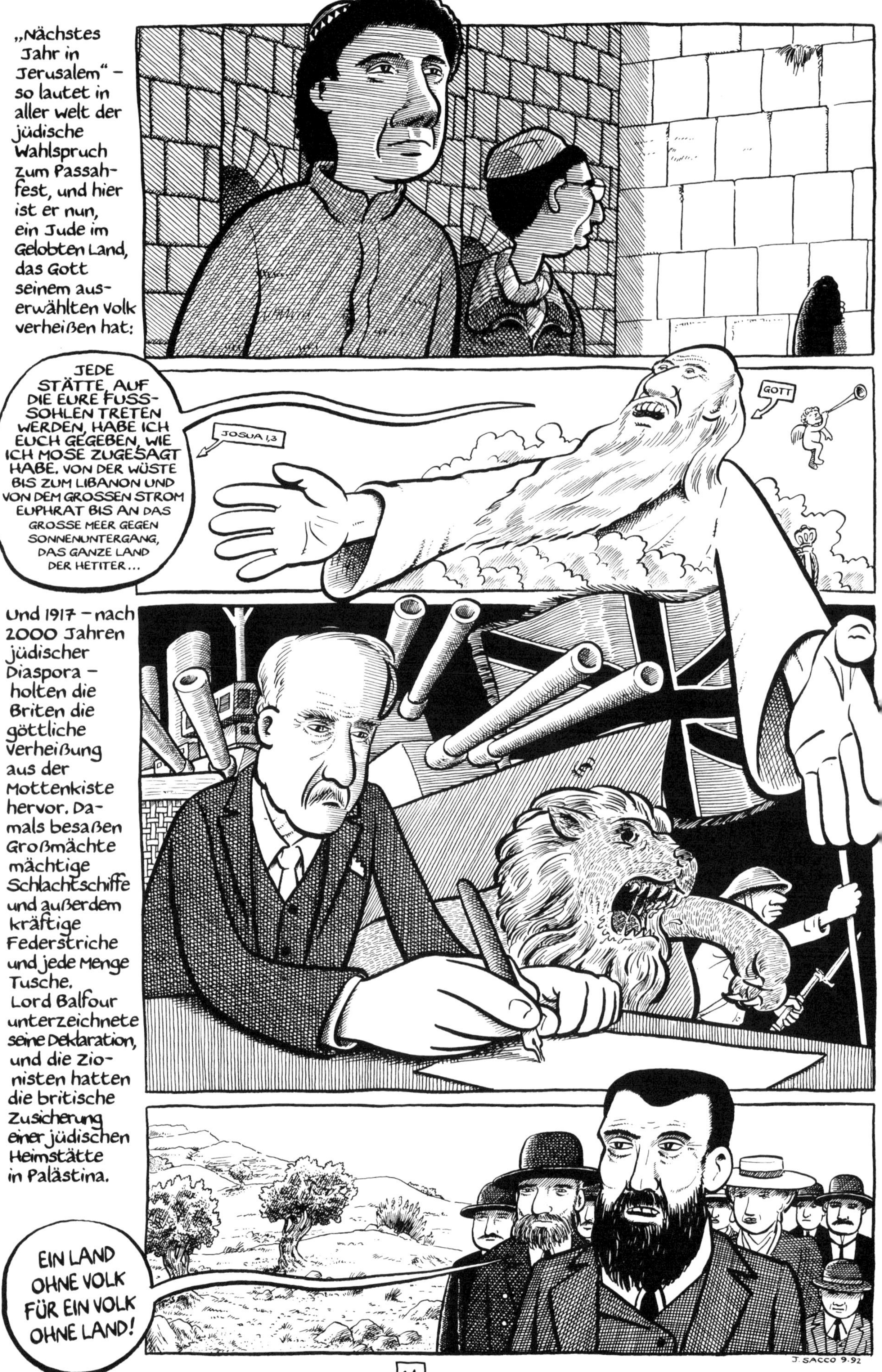
„Nächstes Jahr in Jerusalem“ – so lautet in aller Welt der jüdische Wahlspruch zum Passahfest, und hier ist er nun, ein Jude im Gelobten Land, das Gott seinem auserwählten Volk verheißen hat:
JEDE STÄTTE, AUF DIE EURE FUSSSOHLEN TRETEN WERDEN, HABE ICH EUCH GEGEBEN, WIE ICH MOSE ZUGESAGT HABE. VON DER WÜSTE BIS ZUM LIBANON UND VON DEM GROSSEN STROM EUPHRAT BIS AN DAS GROSSE MEER GEGEN SONNENUNTERGANG, DAS GANZE LAND DER HETITER …
JOSUA 1,3
GOTT
Und 1917 – nach 2000 Jahren jüdischer Diaspora – holten die Briten die göttliche Verheißung aus der Mottenkiste hervor. Damals besaßen Großmächte mächtige Schlachtschiffe und außerdem kräftige Federstriche und jede Menge Tusche. Lord Balfour unterzeichnete seine Deklaration, und die Zionisten hatten die britische Zusicherung einer jüdischen Heimstätte in Palästina.
EIN LAND OHNE VOLK FÜR EIN VOLK OHNE LAND!
J. SACCO 9.92

Aber so einfach wie dieser zionistische Spruch war die Sache nicht. In Palästina lebten sehr viele Araber; 1917 gab es dort zehnmal mehr arabische als jüdische Einwohner. Aber ihr kennt die Mathematik, sie passt nicht immer in die Gleichung.
Und wieder Lord Balfour
DER ZIONISMUS – OB RECHT ODER UNRECHT, GUT ODER SCHLECHT – WURZELT IN URALTEN TRADITIONEN, IN HEUTIGEN BEDÜRFNISSEN UND IN KÜNFTIGEN HOFFNUNGEN VON WEIT GRÖSSERER BEDEUTUNG ALS DIE WÜNSCHE UND VORURTEILE DER 700.000 ARABER, DIE DAS ALTE LAND GEGENWÄRTIG BEVÖLKERN.
Und ganz nebenbei:
WIR EMPFEHLEN, DIE DERZEITIGEN BEWOHNER DES LANDES NICHT EINMAL DER FORM HALBER NACH IHRER MEINUNG ZU FRAGEN.
So geschah's! Flüchtlingsströme waren die Folge… Aber wenn es für die Palästinenser seither stetig bergab ging, sind die Israelis in größere Höhen aufgestiegen, wer könnte das leugnen?
J. SACCO 9·92

Kommt und seht selbst! Wie diese jungen Leute: Studenten aus aller Welt! In den Herbergen wimmelt es von ihnen! Holländer, Australier, Südafrikaner ... sie sind auf dem Weg in Kibbuzim, sie wollen die Gemeinschaft erleben, sie werden in Galiläa oder dem Negeb Orangen pflücken...
... einige, die ihren Einsatz schon hinter sich haben, sitzen herum und erzählen Saufgeschichten, besonders die Engländer, für die es keine Ferien sind, wenn sie nicht jeden Abend gekotzt haben, sie sagen, auf den Farmen gibt es nach Sonnenuntergang nichts anderes zu tun als Wodka zu kippen...
Aber die Argentinierin Mary Ann hat nicht gesoffen, sie hat gerade drei Wochen als „Freiwillige für Israel" absolviert...
... BEIM ISRAELISCHEN MILITÄR, MEINST DU? PANZER SCHRUBBEN?
DAS IST NICHT ALLES. ES HAT MIR GEHOLFEN, DIE KULTUR ZU VERSTEHEN.
ISRAEL BRAUCHT EIN STARKES MILITÄR. ES IST VON FEINDEN UMZINGELT.
ICH FINDE ES WUNDERBAR, DASS DIE JUNGEN ISRAELIS SICH IHRER HEIMAT, IHRER IDENTITÄT SO BEWUSST SIND ... ICH FINDE DAS EINFACH GROSSARTIG.
UND WOHER KOMMST DU?
Darüber muss Dave nachdenken
Ein Wochenende in der Heiligen Stadt, und schon ist er sich nicht mehr sicher ...
ISRAEL UND AMERIKA.
GENAU GENOMMEN BIN ICH AMERIKANER.
ABER **HIER** FÜHLE ICH MICH ZU HAUSE.
Und er hat Recht, wenn er will, hat er die volle israelische Staatsbürgerschaft, aufgrund des Rückkehrgesetzes kann jeder Jude von überall hierher „zurückkehren" ... aus Moldawien, Äthiopien oder dem neuseeländischen Christchurch..
ICH BIN ZU HAUSE! ICH BIN ZU HAUSE! ICH BIN ZU HAUSE!
J. SACCO 9.92

Wochen später lernte ich im Flüchtlingslager Dschabalia einen alten Palästinenser kennen, der mir von der Heimat erzählte, aus der er 1948 nach der Unabhängigkeitserklärung Israels und dem Einmarsch der arabischen Truppen geflüchtet war …
DIE JUDEN BESETZTEN DAS DORF UND VERHAFTETEN ALLE, DIE GEBLIEBEN WAREN, AUCH MEINEN VATER, DER ALT WAR UND NICHT LAUFEN KONNTE …
VIER TAGE BIN ICH MIT MEINER SCHWANGEREN FRAU GELAUFEN …
DIE ÄGYPTISCHEN SOLDATEN WEIGERTEN SICH, UNS IN IHREN LKWs MITZUNEHMEN …
DIE JUDEN BOMBARDIERTEN UNS.
SELBST DIE AMEISEN WAREN HINTER UNS HER …
DAS WAR EIN SCHWARZER TAG, AN DEM ICH MEIN LAND VERLIESS.
Tatsächlich kehrte er vor ein paar Jahren zurück.
Er erhielt die Genehmigung von den israelischen Behörden.
Für ein paar Stunden durfte er aus dem Gazastreifen ausreisen …
Er durfte durch das heutige Israel zu seinem Heimatdorf fahren …
ICH WOLLTE MEINER FAMILIE DAS LAND ZEIGEN …
WO MEIN HAUS UND MEINE SCHULE WAREN …
MANCHE MENSCHEN SIND WIE GELÄHMT, WENN SIE ZURÜCKKOMMEN UND ALLES SEHEN.
SIE HABEN ALLES ZERSTÖRT.
KEINE SPUR MEHR DAVON, DASS WIR JE HIER GELEBT HABEN.
J. SACCO 9·92

Jerusalem ist eine Stadt mit Feuerkraft, sie hat die höchste Quote geschulterter Maschinengewehre, die ich je gesehen habe, aber wenigstens haben sie hier Frauen in der Armee, was die Sache für einen Ästheten wie mich etwas mildert. Und als internationaler Jetsetter, der Gelegenheit (wenn nicht gar die Pflicht) hat, solche Vergleiche zu ziehen, würde ich die israelischen Frauen im weltweiten Schönheitswettbewerb ganz oben ansetzen … und in Uniform – besonders in diesen olivgrünen Pullis – sind sie konkurrenzlos …
Ab und zu kann ich nicht anders, ich schleiche durch die Jaffastraße und werfe ein Auge auf die dienstfreien Teeniepuppen, nur um festzustellen, wie furchtbar alt ich schon bin …
IM AUGE DES BETRACHTERS
Und was ist mit den Jungs?
Oh là là!!
Sieh dir bloß dieses Prachtstück an!
Er nimmt eine Auszeit auf der Stadtmauer …
… mit Blick auf annektiertes Arabergebiet …
… in der Pose des Marlboro-Manns.
Sogar ich halte meine Beine zusammen!!

HE!
BIST DU AMERIKANERIN?
JA, DU!
WILLST DU EIN STÜCK SANDWICH?
AHEM... WO SEID IHR HER?
Mein Gott!!
Ist sie nervös?
Oder strohdumm?
Unser Soldat schlägt sich jedenfalls bravourös...
WIR SIND AUS ISRAEL.
Ist das klar?
Na, wird's bald?
Was ist denn nun mit dem kleinen Flirt...
Herrje!
Mami scheint selbst ganz hingerissen!
So einen Muskelprotz hatte sie wohl noch nie auf ihrem Fuji Color!
HALLO, LEUTE!
Big Sur
Zu spät!
Die Rückkehr der Eltern macht alle Hoffnung zunichte...
WIE ALT SEID IHR, JUNGS? IHR SOLLTET NICHT RAUCHEN.
SO BLEIBEN!
ES SCHADET DER GESUNDHEIT. IHR KÖNNT KREBS KRIEGEN.
SO BLEIBEN!
J. SACCO 9.92

HE, WAS SIND DAS FÜR MENSCHENMASSEN DA UNTEN …
IST ETWAS LOS?
Ich will etwas sagen …
Schließlich hatte ich am Morgen alles darüber gelesen:
Das ist Silwan, ein rein arabisches Viertel. Letzte Woche vertrieben Siedler einige Palästinenser aus ihren Häusern, zogen ein, rollten den Stacheldraht aus, hissten den Davidstern … und gegen Uzis und grünes Licht des Justizministers hilft keine Widerrede.
OCH, IRGENDWAS IST IMMER LOS.
J SACCO 9.92
Und deshalb bin ich hier …
… um zu sehen, was los ist …
… also gehe ich zum Dungtor …
… und trete mitten hinein in …
die Demokratie!
PEACE NOW? VERRÄTER!
Eine Demonstration!
Eine Gegendemonstration!
STOPPT DEN SIEDLUNGSBAU VERHANDLUNGEN JETZT
Herrlicher Anblick für einen Versammlungsrecht-Freak wie mich …
Außerdem bin ich süchtig nach Redefreiheit …
Und hier ist Israel!
(Klar, annektiertes Gebiet, aber vergessen wir's.)
Es ist die einzige Demokratie im Nahen Osten!
Und hier stehen beide Seiten der Siedlerfrage zur Debatte!
STOPPT DEN SIEDLUN
VERHANDLUNGEN JETZT

Zahlenmäßig am stärksten vertreten im politischen Spektrum dieses Nachmittags ist die Frieden-Jetzt-Fraktion, sie sind aus ganz Israel mit Bussen angereist, um ihre Solidarität mit den Palästinensern von Silwan zu zeigen. Ich reihe mich neben einem von ihnen ein …
VIELLEICHT HABEN DIE SIEDLER LEGAL GEHANDELT, KEINE AHNUNG, ABER DARUM GEHT'S NICHT.
ES IST EINE OFFENSICHTLICHE PROVOKATION …
… GERADE JETZT, WO FRIEDENSGESPRÄCHE ANSTEHEN …
STOPPT DEN SIEDLUNGSBAU
Natürlich sagt er, Israel sollte die besetzten Gebiete räumen und es müsste einen palästinensischen Staat geben …
… UND WENN ES NICHT IN DEN NÄCHSTEN 10 JAHREN PASSIERT, DANN EBEN IN 20 ODER 30 …
Inzwischen muss er wie jeder gesunde Israeli bis ins mittlere Alter mehrere Wochen im Jahr Reservedienst leisten – auch im Westjordanland …
Die Demokratie nimmt ihren Lauf …
Es ist ein schöner Tag für eine friedliche Frieden-Jetzt-Demo …
WIE VEREINBAREN SIE IHRE POLITISCHEN ANSICHTEN MIT DEM DIENST IN EINER BESATZUNGSARMEE?
MANCHE VERWEIGERN DEN DIENST DORT UND GEHEN INS GEFÄNGNIS, ABER ES IST GUT, WENN LEUTE WIE ICH DABEI SIND.
DIE ARABER BEKOMMEN IN DIESEN GEBIETEN KEIN RECHT, ABER WENN ICH EINEN HITZKOPF MELDE, DER ETWAS UNRECHTES GETAN HAT, BRINGE ICH DEN STEIN INS ROLLEN …
ER KÖNNTE PROBLEME KRIEGEN, AUS DER ARMEE ENTLASSEN WERDEN … SCHWERE STRAFE FÜR EINEN TYP, DESSEN LEBEN DIE ARMEE IST.
Und im Übrigen sei eines klargestellt:
ICH BIN ZIONIST UND ICH GLAUBE AN EIN STARKES ISRAEL.
NUR WEIL WIR STARK SIND, VERSUCHEN DIE ARABER NICHT MEHR, UNS INS MEER ZU TREIBEN …
JETZT SIND SIE BEREIT ZU VERHANDELN.
J. SACCO 9.92

Kurz darauf ist die Demokratie am Ende …
Die Leute strömen heim, um sich im Fernsehen zu sehen.
Palästinensische Kinder wimmeln überall und schwatzen den Demonstranten ihre Plakate ab.
PEACE NOW? VERRÄTER!
Schon halb auf dem Berg höre ich Geschrei …
J. SACCO 9.92
Eine Minidemonstration!
Etwa 50 Leute
VERHAND-LUNGEN JETZT!
Eine Hand voll Kinder und Frauen.
Sie marschieren ein paar Meter …
… und brüllen sich die Kehle wund …
… und erzeugen in zwei Minuten mehr Dezibel, als ich den ganzen Nachmittag gehört habe …
Ich meine, sie schreien, als ginge es um ihr Leben!

im
KIDRONTAL
HALLO!
HALLO!
JÜDISCH? JÜDISCH?
ICH? NEIN, NICHT JÜDISCH.
DU KOMMEN? DU KOMMEN?
DA RUNTER? IHR MACHT WOHL WITZE!
JA! KOMM! KOMM!
DU SPRECHEN JÜDISCH?
NEIN!
SCHÖN? SCHÖN?
DU SPRECHEN JÜDISCH?
NEIN!
NA JA, ICH KANN EIN PAAR WORTE: SCHALOM, KIBBUZ, KNESSET.
J. SACCO 8·92

Der Pummelige sagt, er kommt aus Silwan. Siedler haben ihn weggejagt, seine Familie.
SIE KAMEN IN EUER HAUS? WAS HABEN SIE GESAGT?
RAUS! RAUS! HAUT AB!
Er tut so, als würde er geschlagen.
WO WOHNST DU JETZT ?
IHM.
JÜDISCH!
KOMM! KOMM!
HAUS!
Eine Siedlung.
JÜDISCH!
HE, IRGENDWIE MATSCHIG HIER.
J. SACCO 8·92

Dann...
Vögel im Baum!
Die Jungen bücken sich nach Steinen!
Sie wollen ein Vogelhirn zerschmettern!
Die Vögel suchen das Weite und die Jungen merken es nicht!
Nichts kann sie aufhalten!
Sie zielen!
Feuer!
Zielen!
Feuer!
Zielen!
Feuer!
Zielen!
Feuer!
Wirklich nette Jungs, aber mir wird langweilig mit ihnen. Ich verabschiede mich und...
GELD!
GELD?
ZEHN!
ZEHN SCHEKEL?! ICH DACHTE, WIR WÄREN FREUNDE!
WIR DIR ZEIGEN! WIR DIR ZEIGEN!
ABER IHR HABT NICHT GESAGT, DASS IHR GELD WOLLT! HIER SIND DREIEINHALB!
NEIN! NEIN!
Sie wollen es nicht! Sie drücken meine Hand mit den Münzen zu...
HIER! HIER!
ZEHN! FÜNF ICH! FÜNF ER!
ABER SO GEHT DAS NICHT...
J. SACCO 8·92

Ich spucke noch ein paar Münzen aus...
Sie lassen mich gehen...
SIND WIR BÖSE?
SIND WIR BÖSE?
Soll ich ihnen etwa sagen, sie sind böse?
Soll ich ihnen etwa die Meinung sagen?
Diesen kleinen Terroristen?
Nach der Wurfgeschossorgie?
SCHEISSKINDER! BESONDERS DER DICKE! VERMUTLICH WAR ER GAR NICHT AUS SILWAN! HAT MICH VERMUTLICH DAMIT VERARSCHT! BLÖDER HUND ARSCHLÖCHER ... VERFLUCHTE
Zurück in der Altstadt von Jerusalem laufe ich an palästinensischen Händlern vorbei...
Die machen mich krank...
Ihre großen traurigen Augen...
Ihre leeren Taschen...
Ich könnte sie treten...
HAND GEBEN! HAND GEBEN!
Vergiss es, Kumpel! Die Nummer kenne ich von Kairo...
SEHT IHR! ER WILL KEINEN FRIEDEN!
26

ZWEITER TEIL

RAMALLAH! RAMALLAH!
NABLUS!
Die Taxivermittler hinter dem Damaskustor kennen mich vom Sehen...
WOHIN DENN HEUTE, MEIN FREUND? NABLUS?
Ich bin Lawrence von Arabien...
...Tim Page...
...Dan Rather mit afghanischem Stoppelbart...
...der erste Weiße in Dschenin...
„Dr. Livingstone, nehme ich an!"
701·066
425·805
J. SACCO 10·92
TAXI
فكروني
Nur vier Schekel nach Hebron... zwei nach Ramallah mit seinen Schockgranaten samstagvormittags... auf der Neun-Schekel-Fahrt nach Nablus hören wir im jordanischen Rundfunk Meldungen von den Friedensgesprächen, das Neueste über George Habashs Gesundheitszustand, das Beste von Oum-Koulsoum, deren Stimme uns einlullt oder traurig macht von Siedlung zu Siedlung zu Siedlung...

Ich liebe die zufällige Nähe zu anderen Fahrgästen, die geteilten Bonbons, die Geschichten über Gefängnisse und Schläge, einmal quetschte mich ein Student der Elektrotechnik über Stipendien in den USA aus ...
KEINE AHNUNG, EHRLICH GESAGT. ICH KÖNNTE MEINEN VATER FRAGEN, DER IST INGENIEUR.
JA! WAS IMMER SIE TUN KÖNNEN! ICH MUSS RAUS HIER!
Raus hier?
Raus aus alldem?
Er kritzelte seine Adresse hin, ich steckte sie ein und vergaß ihn für immer ...
Das Taxi erreicht unser Ziel.
Ich laufe herum.
Ich kaufe einen Falafel.
Jemand redet auf mich ein ...
... zeigt mir alles ...
Irgendwas passiert ...
Irgendwas passiert immer ...
Und wenn es zu viel wird, wenn die Sache zu heiß wird, wenn sich mein Magen verknotet, springe ich in ein Taxi ...
... und bin raus da, Mann!
Take off your pants-pants
Abends bin ich wieder in Jerusalem, vielleicht im Underground-club in der Neustadt, wo sich Tom und Jerry auf dem Bildschirm verdreschen und ich vor dienstfreien Fallschirmjägern mit der Holländerin und der Schwedin aus der Herberge das Tanzbein schwinge ...

Er will Frieden. Er ist traurig, wenn seine Leute sterben, wenn Juden sterben. Ob ich Christ bin? Er ist Muslim! „Der Koran ist ein gutes Buch", sagt er. Er will Jerusalem besuchen, die Al-Aqsa-Moschee, aber er hat Angst. Als er das letzte Mal hinter der grünen Linie bei seinem Onkel in Jaffa war, musste er zwei Tage ins Gefängnis und ganze 350 Schekel Strafe zahlen, nur weil er seine Aufenthaltserlaubnis um zwei Stunden überzogen hatte.
ALLGEMEINE & PERSÖNLICHE WUNDEN
(Nablus)
MEINE KUH! MEINE KUH!
Er will auch, dass ich seine Milch trinke.
NEIN DANKE. WIRKLICH. ICH MAG KEINE MILCH.
MEINE KUH! MEINE KUH!
WIRKLICH, NEIN DANKE.
WILL-KOMMEN! MEIN LAND!
Eine kleine Menge schart sich um uns. Nicht unüblich. Alle denken, ich bin Japaner.
JAPAN-ISCH?
NEIN, NICHT JAPA-NISCH.
Der Milchmann greift sich einen der Umstehenden. Einen Jungen, um die 16.
ER IST FÜNF MAL GESCHOS-SEN!
FÜNF MAL?
J. SACCO 10·92

Unterm Haaransatz zum Beispiel eine saubere Narbe. Ein Plastikgeschoss...
RACING TEAM
Ein anderer krempelt den Ärmel auf. Siehst du das? Scharfe Munition...
Wunden!!
WILLST DU MEHR SEHEN?
Na klar!
Schussverletzungen!
Knochenbrüche!
Amputierte!
Ich kenne die Intifada aus Anmerkungen in Büchern von Alternativverlagen!
Mit Namen, Schauplatz und Datum des Geschehens!
Die Intifada zum Zählen!
Und wohin fahren wir jetzt?
Hospital!
23·372·28
J. SACCO

٣٨
Der Junge mit den fünf Schusswunden hakt mich unter und schleppt mich praktisch mit!
Keine Formalitäten!
Treppauf!
Vorbei an Ärzten und Schwestern!
In eine Station!
Familienangehörige machen Platz!
Ein wichtiger japanischer Würdenträger ist gekommen!
Ein Mann aus meinem Gefolge tritt ans erste Bett, hebt eine Decke an…
Beinverletzung!
Gips!
Siehst du!
Upps!
Wir haben ihn geweckt!
Nächstes Bett!
Der Mann ist schon wach!
Und munter!
Er bindet eine Keffiyeh um!
Für Palästina!
Und ich mache ein Foto von ihm!
J SACCO 10-92

Jetzt ist Bett Nummer eins hellwach!
Er will, dass ich auch von ihm ein Foto mache!
Bett zwei gibt ihm die Keffiyeh!
Und Cheese!
Langsam macht mir mein Fotojob Spaß!
Ich schlendere herum!
Suche Perspektiven!
Wer ist Bett drei?
Oje!
Der sieht nicht so gut aus...
Er ist bis zum Hals zugedeckt...
Getrocknetes Blut auf dem Kissen...
Seine Mutter klärt uns über die Details auf...
Dünndarm und Leber zerschossen.
FRAG SIE, OB ICH EIN FOTO MACHEN DARF.
Sie fragt ihren Sohn.
La!
„Nein" auf Arabisch.
Ist schon gut.
Io capisco.
Sag nichts mehr.
Eine persönliche Wunde.
WILLST DU KINDER SEHEN?
J. SACCO 10.92

wieder untergehakt, werde ich den Gang entlang gezerrt ...
Wir stürmen durch eine Tür ...
... vorbei an Krankenbesuchern.
Was für Verletzungen haben wir hier?
Der Junge wurde heute morgen eingeliefert ...
Er saß zu Hause ...
... als eine Kugel durch die Wand flog.
Das Mädchen wurde auf dem Schulhof angeschossen ...
... Knochenbrüche ...
Bei dem Zwischenfall starb ein Kind, ein anderes wurde verletzt ...
Foto?
Jemand drapiert eine Keffiyeh um ihren Kopf ...
... schlägt die Decke zurück und zeigt ihr vollständig eingegipstes Bein.
Sie lacht über den Blitz.
Jetzt quasselt sie ...
WAS SAGT SIE?
SIE WILL, DASS DU NOCH EIN FOTO MACHST.

WEITERMACHEN, DOKTOR

Und was ist das für eine Narbe an ihrem Hals? Ach, eine Kugel, die sie an der Bir-Zeit-Universität erwischt hat, als sie nach den tödlichen Schüssen an der Universität Bethlehem an einer Protestaktion teilnahm …
Übrigens, sagt sie, folgen Soldaten den Krankenwagen nach Zusammenstößen oft bis in die Notaufnahme, um die Verletzten zu verhören …
Die Soldaten machen, was sie wollen, sagt sie, sie kommen ohne Mundschutz in den Operationssaal, sie befragen Besucher, sie haben schon Blutspender beschimpft und den Klinikdirektor verprügelt. Kollegen haben von Soldaten erzählt, die Ambulanzen den Weg versperren und Patienten „direkt vom Operationstisch wegholen …"
WIR SIND ES GEWOHNT, UNTER HOCHSPANNUNG ZU ARBEITEN.
Der letzte Zwischenfall? „Vor zwei Wochen waren Soldaten zu einer Durchsuchung hier, keine sehr gründliche, sie haben das Klo überprüft."
„Alle Angestellten, außer denen im Operationssaal, mussten in den Hof … die übrigen Patienten blieben sich selbst überlassen … niemand durfte hinein oder heraus …"
J. SACCO 11·92

„Wir standen eine halbe Stunde in der Kälte. Ich zitterte vor Kälte. Sie sagten, alle weiblichen Angestellten dürften wieder reingehen, aber wir weigerten uns …“
„Sie prüften unsere Ausweise und brachten fünf männliche Mitarbeiter in einen Jeep. Ich bat die Soldaten, sie nicht zu schlagen …“
„Zwei ließen sie später frei. Einen dritten brachten sie in die Klinik zurück, weil er krank war. Damit er ja wieder ins Gefängnis ging, behielten sie seinen Ausweis.“
Die anderen?
WIR HABEN NOCH NICHTS VON IHNEN GEHÖRT.
J. SACCO 11·92

Im Allgemeinen gehe
ch halbwüchsigen Jungs
gern aus dem Weg... ich meine,
warum soll ich es riskieren, mit
em Testosteronüberschuss eines 17-
ährigen zu kollidieren, wenn ich auch die
traßenseite wechseln kann? Und es ist immer
m sichersten, einen großen Bogen um Knaben
mit Uzis zu machen.
HEBRON
Nicht, dass ich einem Siedler wegen seines persönlichen Waffenarsenals Böses nachsagen möchte ... zumindest nicht so direkt und nicht ausgerechnet *hier*... Diese Stadt hat den Juden übel mitgespielt ... bei den Araberaufständen 1929 wurden in Hebron mehr als 60 Juden ermordet ... '36 wurde die kleine jüdische Gemeinde endgültig aus der Stadt verjagt...
Die Zeiten ändern sich... 1967 eignete sich Israel gewaltsam das Westjordanland an und seither ist die Besiedlung der biblischen Stätten Judäa und Samaria ein Gottesgebot für alle ultraorthodoxen Juden ... Ihre Parole lautet: Erst besiedeln, dann folgt die Zustimmung der israelischen Regierung auf den Fuß (und später auch der Messias) ... Diese Dreistigkeit brachte ihnen '72 die nahe (einen Kilometer nah) gelegene Siedlung Kirjat Arba ein ... aber damit nicht genug... '79 besetzten Fanatiker des Gusch Emunim das Stadtzentrum von Hebron... und glaubt mir, sie halten hier mit dem Finger am Abzug die Stellung, falls so ein aufsässiger „Kanaaniter" auf dumme Gedanken kommt...
J. SACCO 11.92

Aber genug von multikulturellen Stadtvierteln, ich bin Tourist … ich habe gelesen, dass es hier eine gewichtige biblische Stätte gibt, die Juden **und** Muslimen heilig ist … die Höhle Machpela … ist sie das? … sieht mir nicht nach einer Höhle aus …
?
Israel
HALLO, WOLLEN SIE REINGEHEN ?
ICH ZEIGE IHNEN FÜR ZEHN SCHEKEL
… GUTER PREIS, ICH SCHWÖRE ES …
ICH BIN EIN EHRLICHER MANN …
EIN GLÄUBIGER MANN …
ICH MACHE FÜHRUNGEN SEIT 1941 …
Hmmm …
warum nicht?
DAS IST ABRAHAMS KENOTAPH!
Abraham! Zentrale Figur im Judentum **und** Islam …
… aber was zum Teufel ist ein Kenotaph?
Zu spät!
Wir sind schon weiter bei Josefs Grab …
… der Mameluckentreppe …
ORIGINAL-BEMALUNG!
… Jakobs Kenotaph …
… Leas Kenotaph …
… die herodianische Ma
… der Fussabdruck
… irgendwas da drüben …
… Oh, Mann!
Er zitiert aus Bibel und Koran wie ein Ansager beim Pferderennen!
wie viele Runden noch?

Plötzlich scharen sich ein paar grölende Siedler um ihn …
Sie äffen ihn nach …
Sie schleudern ihm verächtlich Mohammeds Namen entgegen …
Er gibt es ihnen auf Hebräisch zurück!
Es wird laut!
Sie brüllen alle gleichzeitig …
… direkt neben Isaaks Kenotaph (was immer das sein mag)!
in israelischer Soldat kommt …
… nimmt einen Siedler beiseite …
… sagt ihm wohl, er soll sich beruhigen …
Aber einer lässt nicht locker …
Er hat noch nicht genug …
HÖREN SIE, ER SPRICHT MIT MIR, NICHT MIT IHNEN!
ER IST MEIN FREMDENFÜHRER!
Sie ziehen ab … sie scherzen mit dem Soldaten und dann beten sie …
Ich habe weiche Knie, aber der Alte macht ungerührt weiter … es stehen noch mehr Kenotaphen auf dem Plan … er spuckt Fakten aus wie, ist auch egal, spult zurück und spielt es später ab, wenn ihr was verpasst … Zurück zur Tagesordnung …

WAS HABEN DIE VORHIN GESAGT?
SIE HABEN GESAGT, MOHAMMED IST KEIN PROPHET…
MOHAMMED IST EIN SCHUH…
ICH HABE DEM SOLDAT GESAGT, WAS SIE GESAGT HABEN.
DIE LAGE IST ERNST. JEDEN TAG GIBT ES PROBLEME, SIE SEHEN JA SELBST. SO GEHT ES JEDEN TAG SEIT 24 JAHREN.
GLAUBEN SIE, JUDEN UND ARABER KÖNNEN JE MITEINANDER LEBEN?
WIR KÖNNEN MIT DEN JUDEN AUS DEM OSTEN, AUS DEM IRAN, AUS NORDAFRIKA LEBEN… ABER MIT DEN JUDEN AUS EUROPA? SIE SIND ANDERS… SIE WOLLEN IMMER OBEN SEIN, BESTIMMEN, NEHMEN…
SIE SIND EIN MENSCH, ICH BIN EIN MENSCH, WIR ALLE SIND MENSCHEN, WIR SIND ALLE STAUB…
DIE RÖMER, DIE BYZANTINER, DIE KREUZFAHRER, DIE TÜRKEN, DIE ENGLÄNDER, SIE ALLE WAREN HIER…
UND WO SIND SIE JETZT?
SIE SIND WEG.
WO IST DIE SOWJETUNION JETZT?
SIE IST WEG.
WIE ALLE EINMAL.
ES KOSTET GOTT NUR SO VIEL, DIE DINGE ZU VERÄNDERN.
NUR GOTT IST GROSS.
42

Nicht, dass man mit Englisch immer sehr weit kommt, aber die Kinder sprechen es gern und es ist nicht schlecht, wenn man die Kinder auf seiner Seite hat. Ich lächele viel, sage ihnen, ich heiße Joe und mir geht's gut, und das wirkt, wenn auch nicht immer. Woanders rannten sie gelegentlich hinter mir her und riefen, ich wäre ein Jude, oder hoben Steine auf und spielten damit herum, bis ich mich mit strahlendem Lächeln bei ihnen eingeschmeichelt hatte. Kinder können nerven ...

Erwachsene auch. Nicht, dass *sie* dir kichernd nachrennen und dich am Ärmel ziehen würden. An Orten wie diesem stehen sie herum und versuchen einzuschätzen, wie viel Ärger du ihnen machen könntest. Auch hier ist freundliches Grüßen angebracht. „Salam alaikum!" ... Immer nur lächeln. „Salam alaikum!" *Jetzt* lächeln sie auch. Jemand gibt uns eine Tüte Mandarinen.

Das ist Balata, das größte Flüchtlingslager im Westjordanland, am Rande von Nablus. Einige der Bewohner gehören zu den dreiviertel Millionen Palästinensern, die 1948 aus dem Land, das heute Israel ist, flüchteten oder vertrieben wurden ...

Müssen wir über 1948 reden? Es ist kein Geheimnis, dass die Zionisten die Araber mit Hilfe von Gerüchten, Drohungen und Massakern vertrieben und neue demografische Verhältnisse schufen, um für eine jüdische Prägung Israels zu sorgen.

Natürlich ist es bequemer, Flüchtlinge als bedauerliche Folge von Kriegen zu sehen, aber der Gedanke, sich der Palästinenser zu entledigen, spukte schon Ende des 19. Jahrhunderts herum, als Theodor Herzl den modernen Zionismus definierte: „Die arme Bevölkerung trachten wir unbemerkt über die Grenze zu schaffen, indem wir ihr in den Durchzugsländern Arbeit verschaffen, aber in unserem eigenen Lande jederlei Arbeit verweigern."

Schließlich, so behaupteten einige Zionisten, fühlten sich die Palästinenser ihrem angestammten Heimatland weniger verbunden als die Juden, die seit Jahrhunderten nicht mehr hier lebten. David Ben Gurion, Israels erstem Premierminister, zufolge, „fühlt sich ein Palästinenser in Jordanien oder anderswo genauso wohl". Angesichts des drohenden Kriegs machte sich Ben Gurion keine Illusion, die Palästinenser mit sanfter Gewalt zum Gehen bewegen zu können. „Jeder Angriff", schrieb er, „muss ein Volltreffer sein, mit dem Erfolg, dass die Wohnhäuser zerstört und die Bevölkerung vertrieben wird." Als das weitgehend vollbracht war, erklärte er: „Den Palästinensern bleibt nur noch eine Rolle – zu flüchten."

Aber selbst wenn 1948 kein Geheimnis ist, so ist es doch auch kein Thema und wird von Premierministerin Golda Meir so beiseite gewischt: „Es war ja nicht so, dass es Palästinenser gab, die sich als Palästinenser betrachtet und denen wir das Land gestohlen hätten. Es gab sie nicht."

Aber es *gab* sie und gibt sie *noch*, und hier sind sie ... und ihre Kinder und Kindeskinder ... und sie sind *immer noch* Flüchtlinge ... olle Kamellen im Weltbild der Abendnachrichten vielleicht, aber dennoch Flüchtlinge ... was wohl heißt, dass sie darauf warten, zurückkehren zu können ...

Aber zurückkehren wohin? Fast 400 palästinensische Dörfer wurden im und nach dem 48er Krieg von den Israelis niedergewalzt ... geflüchtete Palästinenser wurden für „abwesend", ihre Häuser und ihr Land für „verlassen" und „unbewirtschaftet" erklärt und zur Besiedlung durch Juden freigegeben.

Unter einem Flüchtlingslager stellt man sich Zelte vor, Leute, die auf Pritschen liegen ... aber irgendwann einmal ging den Leuten auf, dass sie auf lange Sicht hier sein würden, und das Lager nahm einen ärmlichen Anstrich von Dauerhaftigkeit an ... hier leben Leute, sehen fern, kaufen ein, gründen eine Familie ... Was Balata, wenn man durch eine der Straßen schlurft, auf den ersten Blick unterscheidet, ist der Matsch. Der Schnee ist geschmolzen und die Straße ist aufgeweicht. Matsch überall.

Wir wollten Saburos Freund hier treffen, aber er ist irgendwohin zu einer Hochzeit gefahren und kommt heute nicht zurück. Was nun? Ich friere und frage mich, wie lange wir noch in der Kälte herumlatschen müssen.

Zum Glück kennt jemand Saburo noch von seinem letzten Besuch und lädt uns auf einen Tee in seinen Laden ein ... ah, Tee ... eine Tasse Tee in den Händen, das ist im Moment genau das Richtige ... ich versinke in meinem Tee, während sich Saburo um unser Nachtquartier kümmert.

Inzwischen muss sich etwas herumgesprochen haben, denn Shebab kommen in kleinen Grüppchen, um uns zu beäugen. Die meisten bleiben ein paar Minuten und gehen wieder. Ausländer? Journalisten? Na und? Wir sind nicht die Ersten und werden nicht die Letzten sein, die hier eine Geschichte aus erster Hand abstauben wollen ...

Aber einer, er mag etwa 16 oder 17 sein, findet Gefallen an mir. Es muss an meinem ewigen Grinsen liegen.

Sein Englisch ist erbärmlich, aber das hält so einen Knaben doch nicht auf, Pantomime ist nicht unter seiner Würde.

Er erklärt, dass er mit der israelischen Verteidigungsarmee IDF aneinander geraten ist, und holt zum Beweis seinen Ausweis hervor. Den muss jeder Palästinenser über 16 in den besetzten Gebieten bei sich tragen, und seiner ist grün, was bedeutet, dass er eine Gefängnisstrafe hinter sich hat.

Er winkt einen Freund herüber, der verlegen einen Ausweis in Orange, der regulären Farbe für Bewohner des Westjordanlandes, zückt. „*Grüner* Ausweis: Intifada!", sagt mein neuer Kumpel und wedelt mit seinem Ausweis ... „Oranger Ausweis: *nix* Intifada", sagt er und hält mir den seines Freundes unter die Nase ...
Oranger Ausweis zieht sich mit rotem Kopf zurück, Grüner Ausweis strahlt stolz. Ich erwidere sein Strahlen, aber eher aus Mitgefühl, weil ich das Schlimmste fürchte für einen so unvorsichtigen Trottel ... Ich denke, er ist prädestiniert für einen gewaltsamen Tod, wahrscheinlich für ein Rendezvous mit einer tödlichen Kugel.

Saburo hat uns ein Nachtquartier besorgt. Wir schlafen bei einem Mann namens Jabril, der einigermaßen gut Englisch spricht. Jabril bringt uns zu sich und sagt, wir sollen es uns im Wohnzimmer bequem machen. In der Küche herrscht Hochbetrieb, er und seine Brüder bringen eine Platte nach der anderen heraus. Ein wahres Festmahl! Ich sage euch, ich esse wie ein König im Flüchtlingslager, sie ziehen alle Register, ich werfe Kusshände in Richtung des unsichtbaren Frauenvolks. Und jetzt sind wir voll und Jabril rückt den Heizstrahler vor unsere Füße, er will uns wohl rösten.
„Kaffee?", fragt er.
Sie lieben uns wirklich in Palästina!

Unterdessen füllt sich der Raum mit Nachbarn. Sie haben von uns gehört und es macht ihnen nichts aus, ein paar Fragen zu beantworten. Ich hole meinen Notizblock heraus. Sie haben miteinander gelacht und geredet, aber jetzt verstummen sie, sogar die Kinder, die sie mitgebracht haben.

Ich frage, wo sie arbeiten.
„Israel! Israel!", sagen die meisten. In Israel gibt es Jobs, sagen sie, im Westjordanland nicht. Sie stehen früh auf, um zur Arbeit zu fahren. Eine Stunde hin, eine zurück, und abends um 6 müssen sie das Land verlassen haben. Nur Jabril hat einen Job hier in Nablus. Die anderen gehören zum praktischen Reservoir billiger Arbeitskräfte für Israel. Israel bestimmt die Wirtschaft und stellt die Weichen günstig für sich selbst, wie 1985, als Verteidigungsminister Rabin sagte: „Es gibt keine landwirtschaftlichen oder industriellen Konzessionen [für die besetzten Gebiete], die mit den Interessen des Staates Israel konkurrieren könnten."

Mahmoud sagt, er hat seit zwei Jahren nicht mehr gearbeitet. Er hat einen grünen Ausweis, deshalb darf er zum Arbeiten nicht nach Israel. Grüner Ausweis? Er war im Gefängnis? Eines Tages, erzählt er, kamen die Soldaten an seine Tür, er fragte warum, und sie zogen ihm eins über den Schädel! Vor seiner Frau und seinen Kindern! Die Soldaten wollten wissen, wer Steine geworfen hätte. Mahmoud sagte, er war es nicht, aber sie nahmen ihn trotzdem mit. Er zuckt die Achseln. „Wenn sie mich nicht mitnehmen, nehmen sie dich."

Jetzt fangen alle gleichzeitig an, Geschichten von Soldaten und Gefängnissen zu erzählen. Firas sagt, sie haben ihn vor zwei Jahren angeschossen, und er hat immer noch Probleme mit dem Bein. Ahmed sagt, sie haben sein Haus um Mitternacht überfallen, sie traten die Tür ein, sie kamen durchs Dach, sie zertrümmerten das Mobiliar, sie verhafteten ihn. Er war 16. Drei Jahre Gefängnis. „Weshalb?", frage ich. „Weil ich einen Molotowcocktail geworfen habe", sagt er. „Und ich habe nicht mal gesehen, wohin er fiel." Die Leute biegen sich vor Lachen. Sie finden das ziemlich komisch.

Aber für die Israelis ist es eine ernste Sache, oft reißen sie die Häuser der Werfer ein. Ich erkundige mich nach Häuserzerstörungen in Balata. Sie beratschlagen sich, zeigen nach verschiedenen Seiten, zählen an den Fingern ab, nennen Namen.

„Sechs Häuser mit Dynamit gesprengt“, sagt Abu Akram schließlich. „Eins gehörte meinem Freund, einem Metzger, er war ein reicher Mann. Außer ihm wohnten elf Leute in dem Haus, sie hatten eine Stunde, um es zu verlassen.“ Der Metzger war offenbar ein Kollaborateur, der aufflog und sich nur durch den Mord an zwei anderen als gefährlich angesehenen Kollaborateuren retten konnte. Er tat es; die Israelis brachten ihn lebenslänglich hinter Gitter und sprengten sein Haus in die Luft. Angeblich wurden in Balata fünf Kollaborateure ermordet.

Ich frage, wie das Leben im Lager ist. „Kein Kino, kein Garten“, sagt Jabril. „Wenn mich der Soldat sieht, fragt er: ‚Wo willst du hin?‘ Wenn ich auf dem Schulhof Fußball spielen will, kommt der Soldat. Also besuchen mich meine Freunde hier. Wir trinken Tee. Wir trinken Kaffee. Wir reden. Das ist mein Leben.“

Jabril sagt, Balata steht bei den Soldaten in Verruf. Hier gab es die ersten Intifada-Aktionen im Westjordanland. Jabril sagt, er wurde in Nablus von Soldaten zusammengeschlagen, als sie erfuhren, dass er aus Balata ist.

„Wenn ich nach Nablus muss“, sagt Abu Akram, „beeile ich mich, wieder herauszukommen. Wenn mich ein Soldat anhält, muss ich mich an die Wand stellen, er nimmt meinen Ausweis, sieht im Computer nach, fragt mich, warum ich im Gefängnis war. Wenn er von der ganz üblen Sorte ist, zerrt er mich in einen Laden und schlägt mich. Am besten bleibt man im Lager.“

Wir steigen aufs Dach. Es ist eiskalt da oben, aber die Lichter einer jüdischen Siedlung scheinen anheimelnd herüber.

Es ist fast 8 Uhr und die Gesellschaft löst sich auf. Keiner will während der Ausgangssperre von Soldaten erwischt werden.

Jabril ist müde vom Übersetzen, aber der Abend ist noch jung und er fühlt sich wohl verpflichtet, uns zu unterhalten. Er schaltet ein Videogerät ein und wir sehen uns „Delta Force" mit Chuck Norris und Lee Marvin an. Der Film basiert auf einer Flugzeugentführung Mitte der 80er, bei der ein US-Soldat erschossen und mehrere US-Bürger in Beirut als Geiseln festgehalten wurden. Die Geiseln wurden am Ende befreit. Im Film befreien die Männer von Delta Force jedoch die Geiseln nach dem Muster von Entebbe und bringen obendrein Dutzende palästinensischer Terroristen zur Strecke. Und während die Amerikaner wie ein Mann gegen ihre Peiniger zusammenhalten, üben die triefäugigen Palästinenser Verrat an ihrer Sache, sobald ihnen persönlicher Schaden droht. Jabril und

seine Brüder sehen weitgehend ungerührt zu und schütteln nur hie und da den Kopf, wenn Palästinenser panisch dem Kampf entfliehen oder von Norris auf seinem Motorrad mit Raketenwerferfunktion zerfetzt werden.

Nach dem Film breiten sie Matten für uns auf dem Boden aus. Jabril nimmt das Sofa. Er schaltet zum Einschlafen leise Kassettenmusik ein. Ich erkenne die Stimme – Oum Koulsoum, die ägyptische Sängerin, die schon seit Jahren tot ist. Mein Freund Taha aus Kairo erzählte mir, dass ihr Begräbnis größer war als

das von Sadat. Sie sah nicht toll aus, so etwa wie Roy Orbison an einem schlechten Tag, aber was für eine Stimme! Was für ein Vortrag! Es ist offensichtlich ein Liebeslied … das Publikum seufzt und ich seufze auch; wie das Publikum bin ich überwältigt. Das Lied dauert endlos. Jabril dreht die Kassette um. Es ist *immer noch* dasselbe Lied.

„Wie heißt das Lied?", frage ich. „Fakarouni", antwortet Jabril; „Erinnere mich".

Jabril spielt das Lied für seine Verlobte in Jordanien. Sie ist auch Palästinenserin und lebt in einem Flüchtlingslager … Die Israelis erlauben ihr keinen Besuch, weil sie keine Familienangehörigen in Palästina hat, die ein Visum für sie beantragen könnten … Und Jabril kann nicht zu ihr fahren. Die Israelis lassen ihn nicht mehr aus dem Land. Sie warfen ihm vor, bei seinem letzten Jordanienbesuch nach Syrien weitergefahren zu sein. Sie warfen ihm vor, sich von George Habashs Volksfront für die Befreiung Palästinas zum Terroristen ausbilden zu lassen. Sie warfen ihm vor, Terroraktionen in Japan vorzubereiten. Japan?…
Sie holten ihn nachts und brachten ihn nach Nablus ins Gefängnis, wo er zwei Monate lang verhört wurde. Sie schlugen ihn, sie hinderten ihn am Einschlafen, sie – aber das kann er uns ein andermal erzählen, sagt er. Er muss früh zur Arbeit …

Als wir aufwachen, ist Jabril schon weg … Ich bibbere wie immer. Das Wasser ist zu kalt zum Waschen.

Heute wollen wir in Balata eine Vorschule besuchen, die vom Hilfswerk der Vereinten Nationen für Palästinaflüchtlinge im Nahen Osten, der UNRWA, verwaltet wird. Wir gehen zu Fuß hin, aber sie wollen uns nicht einlassen, nicht ohne Genehmigung von oben. Sie verbinden mich mit dem Bezirksbüro der UNRWA in Nablus. „Sie verstehen, dass wir gewisse Vorsichtsmaßnahmen ergreifen müssen", erklärt der Mann am anderen Ende. „Sie haben gesehen, was dort los ist." *Er* kann uns die Genehmigung geben, wenn wir nach Nablus kommen. Wir nehmen ein Taxi für das kurze Stück in die Stadt und der UNRWA-Mitarbeiter winkt uns in sein Büro und stellt uns einen handgeschriebenen Passierschein aus. Alles paletti, wir stehen auf der Gästeliste der UNRWA.

Auf dem Weg zum Taxi, das uns nach Balata zurückbringen soll, sticht Saburo der Hafer und er beschließt, das Gefängnis von Nablus zu fotografieren. Das Gefängnis? Bei all dem Stacheldraht, den Wachtürmen und Polizisten und den Schildern, die deutlich verkünden, dass „FOTOGRAFIEREN VERBOTEN“ ist? Er gibt mir alle belichteten Filme, falls er von Soldaten erwischt wird. Und weg ist er.

Ich gehe zum Taxistand, wo ich Abu Akram vom Vorabend wiedererkenne. Er kommt heran, wir schütteln uns die Hand und dann bemerken wir beide einen Soldaten im roten Barett, der auf uns zukommt. Plötzlich ist Abu Akram weg! Er rennt mit seinen Kumpels zwischen den Autos durch und Rotes Barett rennt hinter ihnen her … die Palästinenser springen in ein Taxi, das schon anrollt, als Rotes Barett fast da ist … und plötzlich gibt Rotes Barett die Verfolgung auf … vielleicht war es gar keine Verfolgung, vielleicht hatten sie alle Lust auf einen Sprint … keine Ahnung … Ich sitze, Saburos Filmtasche fest umklammert, schon im Taxi und fühle mich benommen und irgendwie schuldig.

Kurz darauf sitze ich in Balata im Büro des Rektors, aber er lässt mich *immer noch* nicht in die Schule. Blöd, wie ich bin, habe ich meinen unterschriebenen Passierschein bei einem UNRWA-Deppen in einem Büro in der Straße liegen gelassen. Drei Schüler sind hingelaufen, um ihn zu holen, aber sie sind noch nicht zurück, und die Schule ist gleich aus. Kommen Sie morgen wieder, sagt der Rektor. Haben Sie Geduld, sagt der Lehrer, der als Dolmetscher fungiert. Er sagt, es waren einmal Israelis da, die sich als Journalisten ausgegeben hatten … sie „interviewten“ die Schüler und brachten so die Namen von Aktivisten in Erfahrung … dann kamen die Soldaten und nahmen Verhaftungen vor …

Saburo taucht fast genau in dem Moment auf, als es zum Schulschluss läutet. Wir gehen hinaus und sind von Kindern umringt, die uns nach unserem Namen und unserem Glauben fragen, und wir antworten geduldig … Der Lehrer kommt aus dem Büro und verscheucht sie … Ein Kollege gesellte sich zu ihm und sie willigen ein, uns alles zu zeigen, Genehmigung hin oder her.

Sie führen uns in ein Klassenzimmer. Kein Strom, keine Heizung, sagen sie, so geht es jetzt seit 40 Jahren. „Als sie die Schule bauten, war sie als Provisorium gedacht“, sagt einer. „Sie dachten, wie würden in ein, zwei Jahren wieder zu Hause [in Israel] sein.“ Die UNRWA hat Stromleitungen versprochen, sagt er, aber die Schüler müssen dafür streiken. Sie zeigen uns, wo es ins Klassenzimmer regnet.

Sie zeigen uns Außentoiletten, deren Wände eingestürzt sind.

Der Rektor kommt und redet verärgert auf die Lehrer ein. Die drei entfernen sich ein Stück und streiten offensichtlich darüber, wie ratsam es ist, mit „Journalisten“ zu reden. Die Lehrer erheben die Stimme. Der Rektor geht beleidigt weg. Die Lehrer treten wieder zu uns. „Keine Sorge“, sagt einer von ihnen. „Wir haben ihm gesagt, wir übernehmen die volle Verantwortung.“

Sie erzählen, dass ihr Lehrplan dem von Jordanien entspricht. Die Israelis erlauben, dass Englisch- und Mathebücher aus Jordanien verwendet werden, aber keine Geschichtsbücher beispielsweise, in denen Palästina erwähnt wird. Aber es spielt ohnehin keine Rolle, sagt einer der Lehrer. „Seit der Intifada braucht man diesen Kindern nicht beizubringen, dass wir hier nicht in Israel sind.“

Sie sagen, dass draußen Soldaten patrouillieren… dass sie Leute quer durch die Schule verfolgen… und schießen… nicht gerade eine gute Lernatmosphäre für die 500 Jungen. Wie ist es für die Lehrer? Vor kurzem, sagt einer der beiden, wurde er auf dem Weg zur Schule von Soldaten verprügelt. Sie zwangen ihn, ein Foto von Arafat von einer Wand abzuhängen. Aber warum haben sie ihn geschlagen? „Weil ich nicht hebräisch, sondern englisch mit ihnen gesprochen habe“, sagt er.

Mit Saburo statte ich dem Krankenhaus der UNRWA einen kurzen Besuch ab. Hier brauchen wir keine offizielle Genehmigung. Eine Schwester führt uns durch die Geburtshilfeabteilung – 50 Lagergeburten im Monat, sagt sie. Der Kreißsaal; die Wöchnerinnenstation; und (mit einigem Stolz) der neue Röntgenraum.

Jetzt will der Arzt mit uns reden. Die Schwester schleust uns an der langen Warteschlange vor seinem Sprechzimmer vorbei. Der Arzt winkt uns zu sich und scheucht ein paar Patientinnen hinaus.

Es gibt nur zwei Ärzte im Krankenhaus, sagt er, einer ist Vertretungsarzt. „Das größte Problem“, sagt er, „ist die Überbelegung.“ Täglich kommen bis zu 300 Patienten. (Bei unserer Unterhaltung am Vorabend haben die Männer Witze über die Blitzdiagnosen im Krankenhaus gemacht. „Gehen Sie zum Schalter! Gehen Sie zum Schalter!“, imitierten sie das Klinikpersonal, das die Patienten mit eilig hingekritzelten Rezepten wegschickt.) Der Arzt sagt, sie haben viele Atemwegserkrankungen wegen der mangelhaften Belüftung und der engen Wohnverhältnisse, „aus Gründen, die mit den politischen und sozialen Verhältnissen zusammenhängen“. Jetzt klopft es an der Tür. Wir haben zu lange geredet, die Frauen, die hinausgeworfen wurden, wollen wieder herein! Wessen Krankenhaus ist das denn?

Draußen treffen wir auf Grüner Ausweis – Mr. Intifada von gestern – und einen Freund. Sie kommen uns holen.

Weshalb? Ihr Englisch reicht nicht, um es zu erklären. Wir folgen ihnen. Die Hauptstraßen von Balata kenne ich mittlerweile, aber sie führen uns in ein Labyrinth schmaler Gässchen, in denen kaum zwei Schulterbreit Platz zwischen den Häusern ist und kleine Jungen Klicker spielen ... Wir gehen im Zickzack, springen über offene Abwasserrinnen ... biegen nach links und nach rechts ab, bewegen uns im Kreis, ich weiß es nicht. Von Zeit zu Zeit bedeutet uns Grüner Ausweis, stehen zu bleiben, späht um eine Ecke, gibt uns ein Zeichen, weiterzugehen. „Polizei Gefahr", lässt er uns wissen. Er hält uns wieder an. Sie filzen uns. Sie durchsuchen unsere Sachen. Grüner Ausweis blättert in meinem Pass, betrachtet prüfend ein paar Bankquittungen aus Kairo, mein Flugticket, meine Kamera ... Er sieht meine Notizen durch... Seine Miene ist ernst, fast grimmig ... Dabei könnte ich mit Ariel Sharon in der Badewanne geplanscht und mich seitenweise darüber ausgelassen haben und Grüner Ausweis würde es nicht einmal merken... Jedenfalls befinden sie, dass wir sauber sind... noch mehr Ecken und Winkel... wir sind zurück auf einer der aufgeweichten Hauptstraßen ... puh ...

Jetzt sind wir in einem Haus, der Tee kommt ... Jabril ist da und ein paar Gestalten vom Vorabend ... aber ich sehe auch ein neues Gesicht... nach all den Vorsichtsmaßnahmen von Grüner Ausweis sollte man meinen, dass wir hier auf Arafat persönlich oder wenigstens einen Black-Panthers-Aktivisten treffen, aber der Kerl sieht ziemlich unbedeutend aus... und er hat absolut nichts Neues zu erzählen ... Allerdings lässt er uns im Unklaren darüber, wer er ist, und ich frage ihn nicht nach seinem Lebenslauf.

Er sagt, die Intifada ist das Ergebnis jahrelangen Leidens, sie griff ursprünglich spontan um sich, wird heute aber von der PLO gesteuert. Er sagt, die Intifada hat die Augen der Welt auf Palästina gelenkt, sodass nun die Chance einer politischen Lösung gegeben ist ... Damit ist es klar. Der Kerl gehört zur Fatah, Arafats Flügel der PLO ... Ich habe einen Sport daraus gemacht, anhand der Einstellung eines Palästinensers zum „Friedensprozess" zu erraten, welchen PLO-Flügel er unterstützt... Anhänger der Volksfront lehnen beispielsweise die Gespräche wegen der für die palästinensische Verhandlungskommission unannehmbaren israelischen Bedingungen ab.

Er sagt, Balata unterstützt weitgehend die Fatah.

Die Fatah ist für die Gespräche, also ist er auch für die Gespräche ... aber er ist skeptisch. „Die meisten Israelis wollen kein Land gegen Frieden“, sagt er. „Sie wollen sich mit anderen arabischen Staaten einigen, aber nicht mit den Palästinensern.“ Was sieht er kommen? „Mehr Siedlungen, mehr Soldaten, mehr [jüdische] Einwanderer.“ Und wenn die Gespräche scheitern, *was dann?* „Was erwarten Sie?“, fragt er. „Die Intifada geht weiter.“

Die Diskussion ist beendet. Die Frauen lassen das Essen auftragen. Wir tunken Pitabrot in alle möglichen Sachen. Politik ist kein Thema mehr. Wir lachen. Da kommt der Kaffee.

Sie fragen Saburo über Japan aus und ich verwandle sein holpriges Englisch in verständliche Sätze. Es stellt sich heraus, dass Saburo spiritistisch angehaucht ist, er liest aus der Hand... Grüner Ausweis rückt seinen Stuhl näher und streckt seine offene Hand aus. Nach kurzer Prüfung findet Saburo anerkennende Worte für seine emotionalen und geistigen Qualitäten ... Dann sieht sich Saburo die Handfläche noch einmal genauer an und verkündet, dass Grüner Ausweis bald etwas erleben wird. „Ab ins Gefängnis“, sagt Jabril, worauf die anderen lachen. „Nein“, widerspricht Saburo, „es wendet sich zum Besseren.“

Sie warnen uns vor den angekündigten Streiks ... Die fundamentalistische Hamas ruft für morgen zum Generalstreik auf, die „Vereinigte Nationale Führung“ für übermorgen; und *beide* Gruppen rufen wiederum für den Tag darauf zum Streik auf... Dann wird es kein Durchkommen für die Taxis geben. Wir bschließen, uns zu trennen, bevor wir in Balata festsitzen.

Wir nehmen ein Taxi nach Nablus... dort sind die Straßen fast menschenleer; vielleicht steht eine Ausgangssperre bevor... Am Taxistand steht eine Mercedes-Stretchlimousine nach Jerusalem bereit und wir steigen zu dem bereits wartenden Ehepaar mit Kind ein. Der Chauffeur will erst fahren, wenn er zwei Fahrgäste mehr hat, aber wir müssen bald los, wenn wir Ramallah vor der um 5 Uhr beginnenden Ausgangssperre passieren wollen ...

Ein Jeep hält auf der anderen Straßenseite. Soldaten springen heraus und laufen in ein schmales Altstadtgässchen. Es fällt ein Schuss... Ein zweiter Jeep hält an. Noch mehr Soldaten. Ein Soldat mit Funkgerät lässt seinen Hörer fallen, der nun unerreichbar unter seinen Knien baumelt. Er kriegt ihn offenbar nicht mehr zu fassen. Er ist in Schwierigkeiten. Der Junge im Taxi lacht, nennt den Soldaten „mignuun“ – verrückt. Sein Vater sagt, wir sollen die Fenster hochkurbeln, falls Gas versprüht wird... Wieder taucht ein Jeep auf. Noch mehr Soldaten quellen heraus und verschwinden im Laufschritt in der Gasse.

Endlich verlassen wir Nablus... vorbei am Gefängnis... Wir lassen Balata hinter uns... Balata wird kleiner...

Ich freue mich auf die kurvenreiche, hügelige Strecke, die vor uns liegt... Nach Jerusalem fährt man eine Stunde... bis dahin werde ich die Landschaft genießen.

DRITTER TEIL

Wir haben uns ein bisschen in besetztem Gebiet umgesehen, Saburo und ich, aber nicht heute... heute wollen wir keinen Ärger... heute laufen wir nur etwas in Ostjerusalem herum... jetzt überqueren wir die Nablusstraße... wie Schulkinder, die aus dem Bus steigen und auf die andere Straßenseite wollen.... Ich wiederhole: Heute wollen wir keinen Ärger...
TAUSEND WORTE
Aber da kommt er schon!
Schnell und massenhaft!
Palästinensische Frauen und Kinder!
Singend...
...und skandierend...
...marschieren sie mitten auf der Straße genau auf uns zu!
Oh Mann!
Sie schimpfen auf die Israelis in den Autos ein...
...schlagen auf Motorhauben...
...blockieren die Straße!
Der Verkehr staut sich!
Zornrote Fahrer...
...schimpfen zurück...
...und veranstalten ein Hupkonzert!

Wir sind Profis, Saburo und ich, wir nicken uns zu und sind jetzt ganz Journalisten:
Er stellt die Blende ein und schraubt ein Objektiv von der Größe einer Saturn-V-Rakete auf;
ich treibe jemanden auf, der die wichtigsten Fakten für die einleitenden Sätze aufzählt...
ES GIN AM SITZ DES ROTEN KREUZES LOS... SIE PROTESTIEREN GEGEN DIE ZWANGSAUSWEISUNGEN.
Ach ja, der Skandal des Monats... 12 Palästinenser – Journalisten, ein Lehrer, ein Buchhalter etc. – wurden auf Befehl des Verteidigungsministers Mosche Arens deportiert... nicht, dass sie offiziell unter Anklage gestellt würden, oh nein, aber das macht sie, unter uns und den Israelis gesagt, nur noch verdächtiger – „Terroristenbosse" hat sie die „Jerusalem Post" genannt... und immerhin wurden in den letzten drei Monaten vier jüdische Siedler ermordet und jemand **muss** dafür bezahlen! Zwar war keiner der 12 in die Morde verwickelt – weder der Bibliothekar noch der 14-fache Vater noch der Mitarbeiter des Rehazentrums für Behinderte – aber jemand **muss** bezahlen! Irgendwen **muss** die Peitsche treffen! Und scheiß auf die Vierte Genfer Konvention und das, was über Deportationen darin steht! Zum Teufel, deportieren wir doch die Vierte Genfer Konvention, wenn wir schon dabei sind!
Derweil aber...
...noch mehr Ärger...
...Jeeps und Vans...
...Polizei in Blau...
...Grenzpolizei in Grün...
...Tränengas einsatzbereit...

…uerst Überredungskunst…
BEWEGUNG!
…damit sie sich verziehen
…dann Schläge
Plock!
warten
Geht's?
Mehr Jeeps
J. SACCO

Geschrei
Genug gewartet
weinen
PLO! ISRAEL NO
Parolen auf Englisch
was einigen Polizisten ein Grinsen entlockt.
Und plötzlich wirkt alles wie eine Farce ...
... als wäre es nicht das erste Mal...
... als würden alle ihre Rolle kennen...
... als wären die Schlagstöcke Requisiten und das brüllende Kind ein hübscher Einfall...
Aber...
die alte Frau weckt mich auf.
Mann, hat die ein Organ!
Sie schreit wieder und wieder:
„Hunde! Hunde"
DAS WAR'S, MEIN FREUND... ES IST VORBEI.

Ich halte wieder Lagebesprechung mit Saburo… wir vergleichen unsere Notizen… obwohl Fotografen haufenweise um die Demo herumschwirren, haben sie Saburo mit seiner Superduper-35mm-Saturn-V zum Teufel gejagt… Ich hatte offenbar mehr Glück…
ICH GLAUBE, ICH HAB EIN PAAR GUTE BILDER.
Dann…
HE, ERINNERN SIE SICH AN MICH?
SALEH, HAB ICH RECHT?
Klar, wir haben in Ramallah einmal gemeinsam ein Taxi genommen… er ist Palästinenser… Fotograf bei einer internationalen Nachrichtenagentur…
BIN EBEN ERST GEKOMMEN…
HABT IHR FOTOS? WIE LEUTE GESCHLAGEN WERDEN?
ICH HABE EIN FOTO VON EINEM POLIZISTEN, DER EINE FRAU WEGSCHLEPPT, ABER ES IST EINE MIESE KAMERA.
J. SACCO 2·93
CAMEL
FALAFEL
HAMBURGER
MAXI GRILL
KEIN PROBLEM. WENN DAS BILD GUT IST, KAUFEN WIR ES IHNEN AB.
Er ruft in seinem Büro an und sie wollen meine Fotos sehen…
Unterwegs sagt er, er hat die Nase voll von den Aufständen… es gibt keine guten Fotos mehr… immer die gleichen Demonstrationen, sagt er, die gleichen Steinewerfer, die gleichen Soldaten…
DIE INTIFADA IST VORBEI, WENN ICH VOR ALLEM KEIN BILD MACHEN KANN!
Ha, aber ich habe welche gemacht… und bald werden meine Fotos um die Welt gehen und auf allen Titelseiten prangen… „Foto von Sacco Überflieger“! Der Sensationserfolg des Fotojournalismus! Und wisst ihr was? Es war gar nichts dabei! Ich bin ein verdammtes Naturtalent!
Als wir im Büro ankommen, bereite ich mich im Geiste auf die Preisverleihung und eine tränenreiche Dankesrede vor…
ZEICHEN FÜR GÄNSEFÜSSCHEN
SIND SIE DER TYP MIT DEN „GEWALTSZENEN“?
Der bin ich!

Während mein Pulitzerfilm entwickelt wird, schwelge ich in der Redaktionsatmosphäre… ah, Journalismus, meine große Liebe! Das grüne Flimmern der Computermonitore… die aufgetakelten Trendsetter… das unerbittliche Kaffeegetröpfel… das bin ich, Mann… ich gehöre hierher…
BLAH BLAH BLAH HANAN ASHRAWI BLAH BLAH BLAH FAISAL HUSSEINI BLAH BLAH BLAH WASHINGTON BLAH BLAH BLAH
HAST DU DAS FOTO VON REUTERS IN DEN ZEITUNGEN GESEHEN?
MEIN BILD WAR MINDESTENS GENAUSO GUT.
MIT DEM BILD HAT UNS REUTERS VERARSCHT.
FOTO EINES AN DER KLAGEMAUER BETENDEN ORTHODOXEN JUDEN
HAST DU GESTERN MEINE BILDER VON DEM GRIECHISCHEN PATRIARCHEN IN BETHLEHEM GESEHEN?
JA. SIE WAREN GUT.
SIE HABEN DIR GEFALLEN?
DAS WAR GESTERN.
DIE FAMILIEN DER LEUTE, DIE DEPORTIERT WERDEN, HABEN EINE PRESSEKONFERENZ EINBERUFEN.
DU WEISST, WIE DAS AUSSIEHT. EIN HAUFEN FAMILIEN, DIE RUMSITZEN.
SOLL ICH HINGEHEN?
HAST DU ETWAS ANDERES ZU TUN?
Saleh geht und meine Negative sind endlich fertig…
DAS IST NICHTS.
Und das war's, nicht mal ein Danke…
Ein anderer Fotograf ist gesprächiger…
NA JA, WENN SIE HIER GESTANDEN HÄTTEN, WO DIESER MANN STEHT, KÖNNTE MAN DIE GESICHTER SEHEN.
ABER DIE ABSICHT WAR GUT.
Die Absicht?
J. SACCO 1·93

n den besetzten Gebieten wimmelt es von Weltverbes-serern, Menschenrechts-bewahrern, Nonnen, Quäkern und mit Klemm-brettern ausgerüste-ten Juristen aus aller Welt, alle scharf darauf, uns mit Bergen von Dokumenten und Studien zu versorgen...
Aber wir wollen Gesichter, wir wol-len Not, wir wollen Menschen hautnah, denen unerträg-liches Leid zugefügt wurde ... [ich jeden-falls will das, ich kann nicht für Saburo sprechen, der selten den Mund aufmacht]...
Und das Infor-mationszentrum haben wir mit Versprechen geködert, die es halten kann... 89 Schekel jeder für Wagen, Fahrer-Dolmetscher und Grausamkeiten aller Art...
DAS FASS
WIRD DA EINE NEUE SIEDLUNG HOCHGEZO-GEN?
SEIEN SIE BITTE VORSICH-TIG MIT IHRER KAMERA...
WENN EINE ISRAELISCHE PATROUILLE IHRE KAMERA SIEHT, HALTEN SIE UNS VIELLEICHT AN...
SIE HABEN UNSERE WAGEN SCHON OFT AN-GEHALTEN...
SIE HABEN KAMERAS KAPUTT GE-MACHT...
SIE HABEN FILME BESCHLAG-NAHMT...
Unser Fahrer und Fremdenführer ist Sami, er lenkt einen heiklen Transport nach knappem Fahrplan, um vier müssen wir wieder in Jerusalem sein... Zum Glück kennt er, wie er sagt, gleich hinter der grünen Linie ein Dorf, das eine wahre Goldgrube palästinensischen Leidens ist... Das will ich hoffen... Ich will etwas für meine 89 Schekel haben... und mein Wunschzettel ist lang...
KÖNNEN WIR MIT LEUTEN REDEN, DEREN BÄUME ABGESÄGT WURDEN?
Klar...
...beim ersten Halt...
Sehen Sie?
abgesägte Bäume
J. SACCO 2·93

Wir dürfen im Haus herumtrampeln und fotografieren, dann bittet uns die Frau des Hauses herein... wie immer ist jederzeit Teezeit und vom griechisch-orthodoxen Weihnachtsfest sind noch Pralinen übrig...
WIE WAR DAS MIT DEN BÄUMEN?
WIR SASSEN ABENDS HIER, ALS WIR EIN KRACHEN WIE VON EINER BOMBE HÖRTEN...
„Hinter dem Haus unsere Nachbarn war jemand verletz worden – ein Palästinense beim Bau eines Molotow-cocktails. Er lief zur Straß und wollte ein Auto anhalten...“
„Erst hielt ein Siedler, dann ein von einem Palästinenser gesteuertes Auto. Der Siedler nahm dem palästinensischen Fahrer den Ausweis weg und befahl ihm, den Verletzten zur Siedlung zu bringen. Er folgte in seinem Wagen...“
„Um 4 Uhr nachts fuhren Soldaten vorbei und riefen üb Lautsprecher eine sofortige Ausgangssperre aus...“
„Am folgenden Nachmittag kamen die Soldaten wieder und kappten die Olivenbäume meines Nachbarn, die an der Straße standen...“
„Die Soldaten hoben die Ausgangssperre auf...“
„Am nächsten Tag kamen sie zurück und sägten meine sechs Olivenbäume ab...“
WARUM HEULEN SIE?
WEIL IHR MEINE BÄUME ABSÄGT.
DAS IST NICHTS.
„Insgesamt sägten sie 70 Olivenbäume ab, die Bäume von 13 Familien.“

WAREN IHRE KINDER BEI IHNEN, ALS DIE SOLDATEN IHRE BÄUME ABSÄGTEN?
DER JÜNGSTE. ICH WOLLTE MEINEN ÄLTESTEN NICHT AUS DEM HAUS LASSEN.
WARUM NICHT?
WEIL ER VOR EINEM MONAT VON SOLDATEN VERPRÜGELT WURDE.
„Es passierte nachts. Ein Siedler kam mit einer Pistole an die Tür und sagte, mein Sohn hätte sein Auto mit Steinen beworfen …“
Ein Jeep kam. Die Soldaten ließen ine Schallbombe detonieren, dann kamen sie ins Haus …“
„Sie fragten, ob mein Sohn Steine geworfen hätte, und schlugen ihn hier im Wohnzimmer …“
„Dann fragten sie den Siedler und er sagte, es war nicht mein Sohn. Vielleicht, weil ich weinte. Oder es tat ihm leid oder war ihm peinlich.“
Ihr Vater kommt herein und hört, dass wir über Olivenbäume geredet haben …
DER OLIVENBAUM IST UNSERE LEBENSGRUNDLAGE …
DAS ÖL VERWENDEN WIR FÜR UNSERE SPEISEN UND VOM VERLÖS DES VERKAUFTEN ÖLS KAUFEN WIR KLEIDER …
EIN GUTER RÖMISCHER BAUM BRINGT 20 – 30 LITER IM JAHR …
WIR HABEN HIER NICHTS ANDERES ALS DIE BÄUME …
DIE LEUTE AUS UNSEREM DORF BEKOMMEN KEINE GENEHMIGUNG, IN ISRAEL ZU ARBEITEN …

DIE ISRAELIS WISSEN, DASS EIN OLIVENBAUM FÜR UNS WIE EIN SOHN IST…
ES DAUERT SECHS BIS SIEBEN JAHRE, BIS EIN BAUM GROSS UND STARK IST…
VOR ZWEI JAHREN FÄLLTEN DIE ISRAELIS 17 BÄUME…
DIE MEIN VATER NOCH GEPFLANZT HATTE…
EINIGE WAREN 100 JAHRE ALT…
WARUM HABEN SIE IHRE BÄUME GEFÄLLT?
„Jemand warf von meinem Feld aus einen Molotowcocktail oder Steine. Die Soldaten sagten, wenn ich keinen vier Meter hohen Stacheldrahtzaun um mein Feld ziehe, walzen sie meine Bäume nieder…“
„Ich hatte kein Geld für den Zaun…“
„Am Ende zwangen sie mich, die Bäume eigenhändig zu fällen. Die Soldaten brachten mir eine Kettensäge und sahen zu.“
Ich MUSS ihn fragen…
WIE WAR DAS FÜR SIE?
ICH HABE GEWEINT…
ES WAR, ALS WÜRDE ICH MEINEN SOHN TÖTEN, ALS ICH SIE ABSÄGTE…
Und seine Tränen sind nur ein Tropfen im Fass… Sechs palästinensische Bäume? 17? 70? Pfff! Die Israelis haben in den ersten vier Jahren der Intifada über 120 000 eliminiert… aus „Sicherheitsgründen“ wie hier… oder beim Bau des Straßennetzes, das die jüdischen Siedlungen mit Israel verbindet…
23-808-34

Apropos Siedlungen, Sami fährt mit uns in die Umgebung des Dorfs...
DAS GANZE LAND AUF DIESER SEITE DER STRASSE WURDE VON DEN ISRAELIS FÜR DIE BESIEDLUNG KONFISZIERT...
Was wir sehen, sind viele Hektar Acker- und Weideland... wieder nur ein paar Tropfen im Fass... Israel hat zwei Drittel des Westjordanlandes für eigene Zwecke, unter anderem die Besiedlung durch Juden, annektiert... (wobei ich „Groß-Jerusalem" nicht einmal mitzähle)... aber wie Premierminister Schamir sagt:
WENN WIR HIER EINE SIEDLUNG GRÜNDEN UND DA EINE SIEDLUNG ERWEITERN, IST DAS NUR NATÜRLICH. WIR HANDELN UNTER DER VORAUSSETZUNG, DASS DIESES LAND UNS GEHÖRT.
Und mit dieser „Voraussetzung" im Sinn stellt der ‚Plan 2010' der Zionistischen Weltorganisation fest, dass nur fünf Prozent des Westjordanlandes „problematisch für eine Besiedlung" sind...
„Problematisch" vermutlich deshalb, weil hier immer noch Hunderttausende von Palästinensern leben... auf dem Land allerdings innerhalb von Dorfgrenzen, die 1942 unter britischer Verwaltung festgelegt wurden... und die Israelis lehnen Bauanträge für die ländlichen Gebiete routinemäßig ab und zwingen so Zehntausende von Palästinensern, in „illegalen" Behausungen zu wohnen, die jährlich zu Hunderten abgerissen werden... amtlichen Statistiken zufolge zerstörten die Israelis '87 und '88 mehr palästinensische Häuser, als sie Baugenehmigungen erteilten...
Wenn aber ein Jude in eine Siedlung auf besetztem arabischem Land ziehen möchte, geht das mit Vollgas! Anreize, dass einem schwindlig wird! Staatliche Übernahmegarantie für die Umzugskosten! Verfügbarkeit höherer Darlehen zu niedrigeren Zinsen! Billigerer Wohnraum als in Israel! Eine siebenprozentige Steuerermäßigung! Ihr seht das Prinzip – die Yuppie-Variante des Homestead Act...

Und da wir schon beim Thema sind – Sami hat etwas Besonderes zu bieten...
SIE HABEN GLÜCK... SIEDLER HABEN DAS DORF HEUTE NACHT ÜBERFALLEN...
Er bringt uns zu einem Haus abseits der Hauptstraße... Haustürglas und Fenster sind eingeschlagen...
Im Haus überall Scherben, eine Axt, getrocknetes Blut...
Wir kriegen die Story, aber alles zu seiner Zeit – zuerst eine Tasse Tee...
ZUERST HÖRTE ICH EIN SCHEPPERN IM NACHBARHAUS...
UND GLEICH DARAUF SCHEPPERTE ES HIER...
ES MÜSSEN ZWEI BANDEN GLEICHZEITIG GEWESEN SEIN...
ABER WIR SAHEN NIEMANDEN...
WIR HÖRTEN NUR, WIE EIN AUTO ANSPRANG...
„Ich hatte Angst und blieb mit meinem Sohn und meiner Tochter im hinteren Zimmer..."
„Mein Sohn wollte die Tür aufmachen, aber ich verbot es ihm. Wir blieben bis 5 Uhr morgens wach..."
„Am Morgen fanden wir das blutige Beil. Der Angreifer muss sich am Glas verletzt und das Beil fallen gelassen haben..."
„Wir hörten, dass in der Nacht fast 20 Häuser überfallen wurden."
J. SACCO 2·93

Ein Nachbar, der zugehört hat, lädt uns in sein Haus ein, das, wie er sagt, vor drei Tagen überfallen wurde…
DAS GEHT SCHON EWIG SO MIT DEN SIEDLERN. DIE SOLDATEN SAGEN, WIR BEWERFEN IHRE AUTOS MIT STEINEN. SOLCHE VORKOMMNISSE SIND DIE REAKTION AUF DAS VERHALTEN DER SIEDLER…
An seinem Haus sind die vorderen Fenster eingeschlagen…
Im Haus Glas und Dutzende Wackersteine, wie das Beil liegen gelassen, um Besuchern und vielleicht auch sich selbst zu beweisen, dass solche Dinge geschehen…
ES WAR AM VORABEND UNSERES GRIECHISCH-ORTHODOXEN WEIHNACHTSFESTS… 10 UHR ABENDS… ICH SASS VOR DEM FERNSEHER…
„Mehrere Autos fuhren hupend durch die Hauptstraße. Der erste Wagen hielt an, zwei Siedler stiegen aus und feuerten mit Pistolen vier Mal in die Luft…"
RAUS AUS DEN HÄUSERN, IHR HUNDE!
„… und sie brüllten obszöne und anzügliche Worte auf Arabisch und Hebräisch…"
„Es waren fast 20 Autos und 40 Leute, Männer und Frauen. Ich hörte ein Kind auf Hebräisch nach seinem Vater rufen…"

„Sie fingen an, im Haus gegenüber die Scheiben einzuschmeißen…"
„Eine andere Gruppe kam an mein Haus. Ich machte die Lichter und den Fernseher aus und zog die Vorhänge zu. Als ich die Innentür abschloss, flogen die ersten Steine durchs Fenster…"
„Der Überfall dauerte 15 Minuten und am Morgen fanden wir 60 Steine…"
„Meine Eltern waren während des Überfalls in ihrem Schlafzimmer. Meine Mutter war fast ohnmächtig vor Angst. Als ich sie ansprach, war sie nicht in der Lage zu antworten."
J. SACCO 2.93
ES IST NICHT NUR DAS GELD FÜR DIE FENSTER… WAS IST MIT MEINER MUTTER? PSYCHISCH, MEINE ICH?
Inzwischen bereitet seine Mutter, die unser Englisch nicht versteht, das Essen vor… und ich sage euch, ich brauche bald was im Magen… der viele Tee oder vielleicht auch der Zucker macht mich ganz hippelig…
Aber sie lässt sich Zeit… mit den Fingern dreht sie das Brot um und schiebt die Kohlen zusammen… Herrje, muss die eine Hornhaut haben, um diese Glut zu ertragen…
68

Und…
…endlich…
…ist das Manna auf dem Tisch…
AM MORGEN GING MEIN VATER ZUR SIEDLUNG, UM BESCHWERDE EINZUREICHEN UND -
ES SIND DIE SIEDLER, DIE UNS ANGREIFEN, UND WIR MÜSSEN IN DIE SIEDLUNG GEHEN, UM DEN VORFALL ZU MELDEN!
FRÜHER WURDEN SOLCHE DINGE BEI DER MILITÄRVERWALTUNG IN RAMALLAH GEMELDET, ABER HEUTE MÜSSEN SIE DAZU IN DIE SIEDLUNG HALAMISCH… DIE SIEDLUNGEN HABEN DIESE AMTSFUNKTION ÜBERNOMMEN… DORT WERDEN AUCH ALLE AUSWEISE, GENEHMIGUNGEN UND FÜHRERSCHEINE AUSGEGEBEN…
JEDENFALLS SCHICKTEN SIE EINEN SOLDATEN ZU UNS RÜBER…
„Ich fragte ihn, wie wir uns vor solchen Angriffen schützen sollten…“
WIR HABEN NICHT DIE MITTEL, DIE SIEDLER ODER DIE PALÄSTINENSER ZU SCHÜTZEN…
SEHEN SIE, ES GIBT EXTREMISTEN AUF IHRER SEITE UND ES GIBT EXTREMISTEN AUF UNSERER SEITE.
NUN JA, WIR HOFFEN, WIR HÖREN EBENSO VIEL VON EINER ANKLAGE GEGEN IHRE EXTREMISTEN, WIE WIR VON PROZESSEN GEGEN UNSERE HÖREN.
ES WIRD SICH WOHL NICHTS TUN IN DIESEM FALL… ICH ERWARTE KEINE ERGEBNISSE.
J. SACCO 3.93

Bevor wir das Essen oder sonst etwas verdauen können, bringt uns Sami zum nächsten Knaller...
... einem abgerissenen Haus.
Eine alte Dame bittet uns in eine angrenzende Ein-Zimmer-Baracke...
Der Kessel summt... noch mehr Tee!
ICH HABE EINEN SOHN IN AMERIKA, EINEN IM IRAK – VON IHM HABEN WIR LANGE NICHTS GEHÖRT... MEIN 26-JÄHRIGER SOHN SITZT IM LAGER ANSAR III EINE FÜNFJÄHRIGE STRAFE AB, WEIL ER EINEN MOLOTOW-COCKTAIL GEWORFEN HAT. SEINE FRAU, DIE KEINEN ISRAELISCHEN PASS HAT, DURFTE NICHT EINREISEN, ALS SIE VON JORDANIEN ZURÜCKKAM. SIE IST JETZT SEIT ZWEI JAHREN DORT...
WIR WOHNTEN ZUSAMMEN IN DEM HAUS: ICH, MEIN SOHN UND SEINE FRAU.
J SACCO
„Einen Monat nach seiner Verhaftung kamen Soldaten, umstellten das Haus und befahlen uns zu verschwinden..."
„Dann kam ein Bulldozer..."
IHR HABT MEINEN SOHN VERHAFTET! SEIN VATER IST SEIT 20 JAHREN TOT!
„Wir versuchten sofort, die Möbel hinauszubringen. Viele Nachbarn halfen tragen. Wir hatten eine Stunde Zeit und mussten vieles zurücklassen..."
„Sie befahlen mir, in dieses Zimmer zu gehen und die Tür abzuschließen, dann rissen sie unser Haus ein..."

Zurück zu unserer abgedroschenen Metapher – dem Fass... Ihr Heim ist nur eins von 1250 palästinensischen Häusern, die in den ersten vier Jahren der Intifada von den Israelis zerstört wurden... hier war es eine Kollektivbestrafung, bei der die Sicherheitskräfte nicht einmal die Schuld ihres Sohnes nachzuweisen brauchten... aber, wie schon gesagt, der Anlass kann auch eine fehlende Baugenehmigung sein...
ICH LEBE JETZT ALLEIN IN DIESEM ZIMMER.
ER IST IM GEFÄNGNIS, SEINE FRAU DARF NICHT ZURÜCK UND UNS HILFT NUR GOTT.
BESUCHEN SIE IHREN SOHN?
„In den ersten zwei Jahren waren Besuche untersagt... Jetzt sehe ich ihn alle drei Monate einmal... Die Besuchserlaubnis muss ich in der Siedlung beantragen... Das Rote Kreuz bringt uns in Bussen zum Lager... Es liegt im Negeb...“
„Die Fahrt dauert drei Stunden und die Besuchszeit ist 15 Minuten...“
„Wir sind durch zwei Zäune getrennt und müssen schreien, um die anderen zu übertönen...“
WIE GEHT ES IHM?
ER KOMMT MIR WIE EIN MANN VOR. ER HAT DORT VIEL GELERNT. ER SAGT: „KEINE SORGE, MIR GEHT ES HIER GUT.“
HOFFENTLICH LEBE ICH NOCH, WENN ER FREIGELASSEN WIRD.
NOCH EIN HALT: DIE FAMILIE EINES VON SIEDLERN ERSCHOSSENEN JUNGEN.
Na schön, aber viel geht nicht mehr...
Noch ein Tropfen und...
J. SACCO 3.93

Aber der Tee kommt dann doch, während der Vater eines toten Jungen schweigend an der Wand lehnt…
ES WAR 9 UHR.
WIR WAREN IM HAUS. WIR HÖRTEN EINEN BULLDOZER…
EIN PAAR SIEDLER WOLLTEN DIE WASSERROHRE IM DORF DEMOLIEREN…
ES KAM ZUM ZUSAMMENSTOSS…
MEIN BRUDER GING MIT UNSEREM COUSIN ÜBER DIE HINTERTÜR AUF DIESE KLEINE DACHTERRASSE, UM ZU SEHEN, WAS LOS WAR…
…NICHT, UM SICH EINZUMISCHEN…
EIN SIEDLER SCHOSS VON DER STRASSE DA UNTEN AUF SIE.
„Unser Cousin war sofort tot. Mein Bruder hatte einen Bauchschuss und konnte sich ins Haus zurückschleppen…
„Die Soldaten verhängten eine Ausgangssperre über das Dorf, sodass wir ihn nicht ins Krankenhaus bringen konnten…“
„Vor den Augen seiner Mutter und seines Vaters verblutete er innerhalb von drei Stunden.“
ER WAR 21.
MEIN COUSIN WAR 17.
WAS IST MIT DEM SIEDLER, DER ES GETAN HAT?
ER WURDE AM ERSTEN PROZESSTAG AUF FREIEN FUSS GESETZT.
J. SACCO 3.93

Auch wenn sein Prozess noch nicht beendet ist, muss sich der Siedler keine Gedanken über die Waagschalen der israelischen Justiz machen. Von Dezember 87 bis Oktober 91 wurden 42 Palästinenser von Siedlern getötet und in diesem Zeitraum wurden nur drei Prozesse zu Ende geführt. Die härteste Strafe? Drei Jahre.
WIE IST IHR GEFÜHL DEN SIEDLERN GEGENÜBER?
WAS FÜR EIN GEFÜHL WÜRDEN SIE HABEN, WENN MAN IHRE TÜR ZERTRÜMMERN WÜRDE?
WÄRE ES EIN GEFÜHL DER LIEBE?
MAN FÜHLT SICH IM EIGENEN HEIM... IN DER EIGENEN STRASSE NICHT SICHER...
BEI WEM SOLLEN WIR UNS BESCHWEREN? BEI DEN SOLDATEN?
Andererseits wurden im gleichen Zeitraum 17 Siedler von Palästinensern getötet. Sechs der neun in diesen Fällen verhafteten erhielten lebenslänglich; einer erhielt 20 Jahre; sechs Häuser der Familien wurden abgerissen. (Die beiden anderen Verdächtigen standen noch vor Gericht.)
Bevor wir gehen, drückt jemand Saburo ein Foto der beiden getöteten Jungen in die Hand...
Auf der ganzen Rückfahrt spricht Saburo kein Wort. In Jerusalem sagt er, er will das Foto nicht...
ZU HEFTIG... ZU HEFTIG...
Natürlich ist es nach einem Tag wie heute zu heftig, selbst für einen Aasgeier wie mich. Aber...
ICH NEHME ES.
Weil es die Gesichter sind, um die es geht, Mann...
... und ich stopfe die Gesichter zuunterst in meine Tasche...
... wer weiß denn, ob sie morgen noch zu heftig sind?
J. SACCO 3·93

BRÜDER FÜR EINEN TAG
Mein neuer Freund Khaled, den ich seit immerhin fünf Minuten kenne, hat ein Problem...
ICH HABE ZU HAUSE IN TULKARM ANGERUFEN UND ERFAHREN, DASS MICH DIE SOLDATEN GESTERN ABEND GESUCHT HABEN...
ZUM GLÜCK WAR ICH ÜBER NACHT BEI MEINEM FREUND IN KALANDIA...
WAS WOLLEN DIE SOLDATEN?
VIELLEICHT WOLLEN SIE MICH IN VERWALTUNGSHAFT NEHMEN...
...ICH WEISS NICHT, WAS ICH GETAN HABE...
ICH WILL NICHT WIEDER INS GEFÄNGNIS, NICHT JETZT...
IN ZWEI MONATEN SOLL ICH MEIN EXAMEN MACHEN...
DIESER STRESS MACHT MICH NOCH WAHNSINNIG!
NEIN!
ICH BIN SCHON WAHNSINNIG!
Wir wandern auf dem El-Hussein-Platz in Nablus herum, auf und ab zwischen Gemüse- und Süßwarenständen, hin und her...
HA! SOLLEN SIE MICH DOCH INHAFTIEREN! IST MIR DOCH EGAL, WAS SIE MIT MIR MACHEN! ICH BIN BEREIT, ALLES FÜR MEIN LAND ZU OPFERN!
Zufällig treffen wir zwei seiner Kommilitonen...
ER WAR SEHR OFT IM GEFÄNGNIS!
IHN HABEN SIE VERSUCHT AUF IHRE SEITE ZU BRINGEN, ABER ER IST EIN PATRIOT!
Seine Freunde erzählen, dass in Tulkarm Ausgangssperre herrscht, keiner weiß, warum...

WAS SOLL ICH BLOSS TUN...
WENN ICH NACH TULKARM FAHRE, ERWISCHEN MICH DIE SOLDATEN VIELLEICHT...
UND WAS IST MIT MEINEN SEMINAREN, WENN ICH IN DER AUS-GANGSSPERRE FESTSITZE?
ICH WEISS NICHT, WAS ICH TUN SOLL...
ICH WEISS NICHT, WAS ICH TUN SOLL...
TOYS WOR
Plötzlich lässt er meinen Arm los...
!
DER DA DRÜBEN, ICH KENNE IHN AUS TULKARM... ER IST EIN KOLLA-BORATEUR... ER DARF UNS NICHT ZUSAM-MEN SEHEN...
Später...
AM BES-TEN BLEIBE ICH WIEDER ÜBER NACHT BEI MEI-NEM FREUND IN KALANDIA...
HIER LANG...
ICH KENNE EINEN LADENBESITZER, DESSEN TELEFON ICH BENUTZEN KANN...
Während Khaled telefoniert, macht der Ladeninhaber seiner Wut Luft...
Na, was wohl?
DIE JUDEN SIND GRÄSSLICH! SIE KNÖPFEN MIR MEHR STEUERN AB, ALS DIE-SER LADEN WERT IST, UND SIE BRUMMEN MIR STRAFEN AUF, WEIL ICH NICHT ZAHLEN KANN...
LETZTENS HIELT EIN SOLDAT MEINEN WAGEN AN UND LIESS MICH MIT ERHOBENEN HÄNDEN DA STEHEN WIE EINE STATUE! SOLL DAS ZIVILISIERT SEIN?
J. SACCO 3.93
Khaled hat inzwischen alles geregelt, er fährt nach Kalandia...
Ich dagegen muss ins Lager Balata. Ich bin dort am frühen Nachmittag mit Saburo verabredet...
Aber auf dem Weg zu den Taxis...
DER MANN HIER SAGT, IN BALATA IST AUSGANGS-SPERRE.
BALA-TA ZU! BALATA ZU!
Was nun?

Khaled sagt, ich soll mit ihm nach Kalandia kommen…
Wir warten abseits des Platzes, wo wir vielleicht ein billigeres Taxi kriegen…
Khaled will nicht da stehen, wo uns die Soldaten von den Dächern sehen können…
…und immer, wenn ein Jeep vorbeifährt, geht er ein Stück von mir weg…
Endlich hält ein Taxi mit zwei freien Plätzen…
SAG NICHT, DASS WIR ÜBER POLITIK GEREDET HABEN, WENN UNS DIE SOLDATEN ANHALTEN…
Aber es sind mindestens 40 Minuten Fahrt und ich erfahre Khaleds Ansichten zu vielen Dingen…
DIE HAMAS IST KEINE ECHTE ISLAMISCHE PARTEI, WEIL SIE GEWALT BEFÜRWORTET.
BEI DER VOLKSFRONT GIBT ES EIN PAAR GUTE LEUTE, ABER SIE IST GEGEN DIE FRIEDENSGESPRÄCHE…
ICH GLAUBE ZWAR NICHT, DASS DIE ISRAELIS FRIEDEN WOLLEN, ABER FÜR UNS IST ES WICHTIG, DASS WIR ES VERSUCHEN.
Und…
ICH VERSTEHE EURE WESTLICHE LEBENSWEISE NICHT… DIE VIELEN DROGEN… ICH VERSTEHE EUER WERTESYSTEM NICHT. ICH HABE HIER EINE FREUNDIN, ABER ICH RESPEKTIERE SIE… WIR MACHEN KEINE SCHLIMMEN SACHEN…
IM WESTEN BETRACHTEN WIR SEX NICHT ALS EINE „SCHLIMME SACHE“…
Allerdings muss ich zugeben, dass ich derzeit wegen einer kürzlich gescheiterten sexuell freizügigen Beziehung emotional aus dem Gleichgewicht bin…
SIEHST DU!
NA SCHÖN, ABER WIR HABEN SCHWIERIGKEITEN MIT DER ROLLE DER FRAU IN DIESEM TEIL DER MUSLIMISCHEN WELT… ZUM BEISPIEL DAMIT, DASS SO VIELE FRAUEN VERSCHLEIERT SIND…
DAS ZEIGT, DASS WIR UNSERE FRAUEN RESPEKTIEREN, UND ES VERHINDERT, DASS WIR AUF SCHLIMME GEDANKEN KOMMEN…
ABER IM WESTEN WÜRDEN WIR SAGEN, DAS IST DAS PROBLEM DER MÄNNER.
ABER WIESO GIBT ES SO VIELE VERGEWALTIGUNGEN IN AMERIKA?
Und so weiter…
J. SACCO 3·93

Wir erreichen Ramallah, nehmen den Bus nach Kalandia und stapfen durch sintflutartigen Regen...
GLEICH DA...
Na hoffentlich.
Endlich im Trockenen, wo ich den Ehrenplatz vor dem Radiator bekomme...
Khaled stellt mich der Familie seines Freundes vor... eine Matrone in mittleren Jahren, ihr älterer Ehemann, Kinder jeden Alters und jeder Größe...
AHLAN WA SAHLAN.
Als ich ein wenig getrocknet bin, nimmt mich Khaled mit in die Küche, damit ich ihm bei seinen rituellen Waschungen vor dem Gebet zusehe...
DU BIST MEIN MUSLIMISCHER BRUDER!
n dem geheizten Zimmer wurde inzwischen ein Festessen aufgetragen...
Tee!
Reis und Linsen!
Ein Spiegelei!
Geröstetes Pitabrot!
Oliven und Tomaten!
Eine Orange!
Kaffee!
Unterdessen erfahre ich mit Khaleds Hilfe von der Frau des Hauses, dass sie mit 14 verheiratet wurde, dass sie zehn Kinder und drei Enkel hat... mit einem der jüngsten spielt sie gerade Hoppereiter... mir geht durch den Kopf, was Golda Meir einmal über die hohe Geburtenrate der „Nichtjuden" sagte und dass sie „nachts nicht schlafen kann beim Gedanken, wie viele arabische Babys in dieser Nacht geboren werden"...

SIE SIND KATHOLISCH?
JA.
KATHOLISCH: WILLKOMMEN!
SIE WOHNEN IM JÜDISCHEN TEIL VON JERUSALEM?
NEIN.
DIE JUDEN SIND HUNDE.
Diesmal kann ich den Mund nicht halten… ich erzähle ihr einen peinlichen Stuss… immerhin sind viele Juden gegen die Okkupation, sage ich, sogar israelische
Ich erzähle ihnen von einem Soldaten, der mich vor ein paar Tagen in Nablus ansprach. (Seine Einheit hatte einen Kreisel gesperrt und zwang einen palästinensischen Jungen, Graffiti zu übermalen, aber das erzähle ich ihnen nicht.)
WAS MACHEN SIE HIER? TOURIST?
JA, TOURIST.
J SACCO 3·93
SIE SOLLTEN DA REINGEHEN UND SICH UMSEHEN.
Er deutete auf die Altstadt, von der selbst Palästinenser gesagt hatten, ich solle mich nie allein dorthin wagen…
DA DRIN… EIN HERRLICHER MARKT.
Wie er „herrlich" sagte… offenbar tat es ihm leid, dass er als Soldat hier war…
So interpretierte ich es jedenfalls…
Sie hören sich meine Geschichte ungerührt an…
Vielleicht habe ich sie nicht mit der nötigen Gefühlsbetonung erzählt.
Es war ein Versuch, aber vermutlich kann man mit einer läppischen Anekdote keine Abgründe überbrücken…
Ohnehin… bin ich nicht hier, um zu vermitteln…
und seien wir ehrlich, meine Comics brauchen Konflikte; mit Frieden ist kein Blumentopf zu gewinnen.

WO IST SABURO?
Ich warte zwei, drei Tage. Die Nachricht von weiteren Ausgangssperren und sintflutartiger Regen halten mich in Jerusalem fest...
Wo, zum Teufel, ist er?
Was kriegt er zu sehen?
Ich habe hier lediglich drei oder vier belanglose Interviews gemacht und der Grenzpolizei am Damaskustor bei der Ausweiskontrolle zugesehen...
ndlich kommt aburo mit atschigen chuhen urück... Ich abe ihn zuletzt esehen, als er Balata aus m Taxi stieg... n da ist er, ie er sagt, m Lager Eins laufen, wo die oldaten gerade s Haus eines rdächtigen rsiegelt hat- n und eine nschenmenge it Tränengas rstreuten... nach nahm ihn n wütender lästinenser i der Hand, eil er ihm etwas igen wollte...
EIN BABY. SEHR GROSSER KOPF. SIE SAGEN, DIE MUTTER KRANK VON TRÄNENGAS, WENN SCHWANGER.
Ich bin skeptisch. Als Journalist muss man sozusagen ein ungläubiger Thomas sein; man muss sich vergewissern. Es ist richtig, den Finger in die Wunde zu legen. Das klärt den Kopf.
KONNTEST DU EIN FOTO MACHEN?
VON DEM BABY?
ICH WOLLTE KEIN FOTO MACHEN, ABER SIE WOLLEN ICH MACHE BILD.
UND?
ICH MACHE FOTO... SEHR SCHWER.
Mann, ich wünschte, ich hätte den Täneneinsatz gesehen...
wünschte, ich hätte das Baby gesehen.
J. SACCO 4.93

VIERTER TEIL

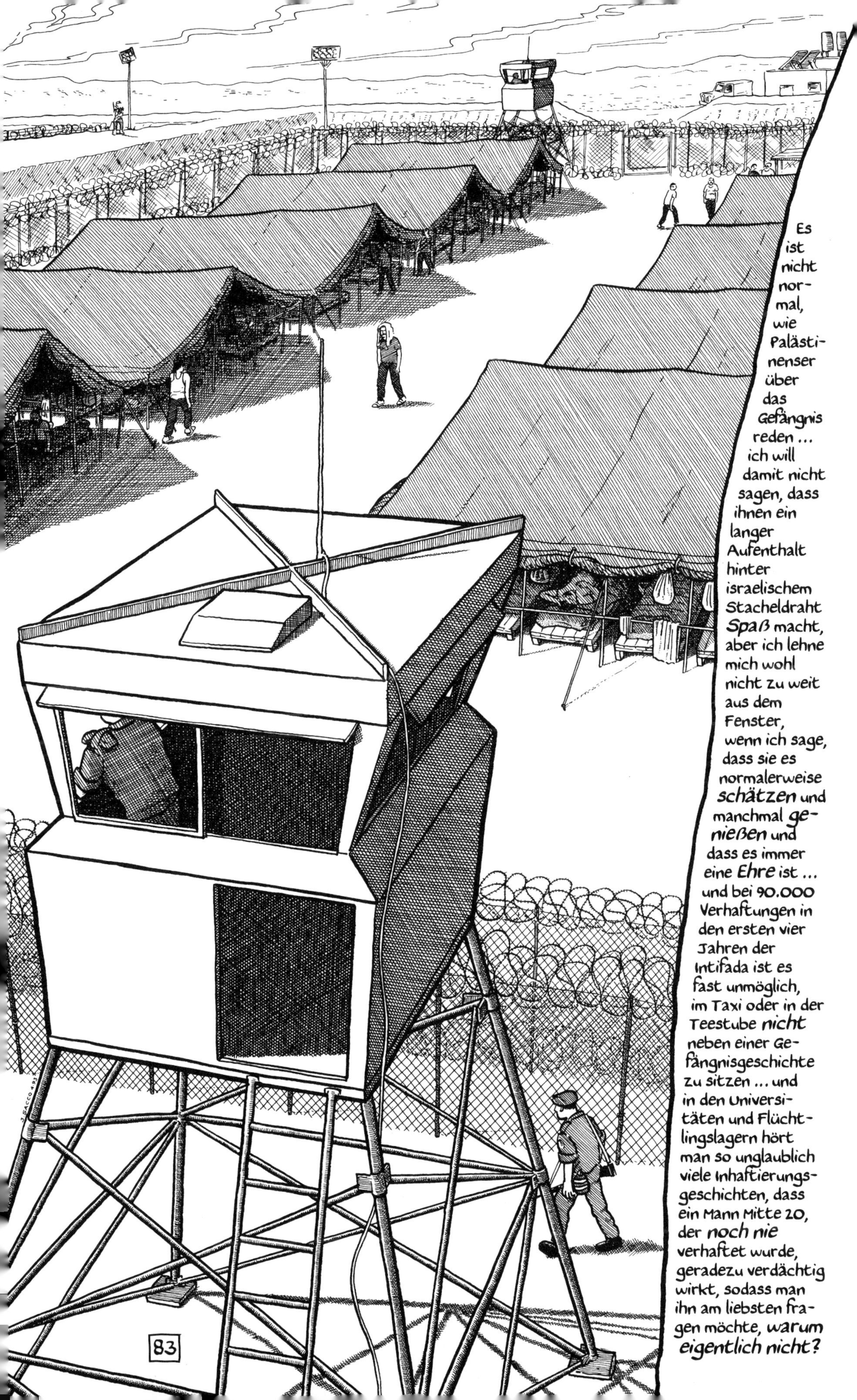
Es ist nicht normal, wie Palästinenser über das Gefängnis reden ... ich will damit nicht sagen, dass ihnen ein langer Aufenthalt hinter israelischem Stacheldraht Spaß macht, aber ich lehne mich wohl nicht zu weit aus dem Fenster, wenn ich sage, dass sie es normalerweise schätzen und manchmal genießen und dass es immer eine Ehre ist ... und bei 90.000 Verhaftungen in den ersten vier Jahren der Intifada ist es fast unmöglich, im Taxi oder in der Teestube nicht neben einer Gefängnisgeschichte zu sitzen ... und in den Universitäten und Flüchtlingslagern hört man so unglaublich viele Inhaftierungsgeschichten, dass ein Mann Mitte 20, der noch nie verhaftet wurde, geradezu verdächtig wirkt, sodass man ihn am liebsten fragen möchte, warum eigentlich nicht?

Versteht mich nicht falsch, ich habe nicht vor, die Hafterlebnisse der Palästinenser zu bagatellisieren ... Nur habe ich mich, weil das Eingesperrtwerden so sehr zum Leben dieser Leute gehört, damit abgefunden, dass das Thema irgendwie (egal, mit wem ich rede) in irgendeiner Weise (sei es ausführlich oder nur en passant) zur Sprache kommt ...
Aber selbst ich konnte mir ein Grinsen nicht verkneifen, als mir ein freundlicher Mensch in einem Dorf im Westjordanland seine wie üblich zahlreiche Brut vorstellte, darunter ein hübsches Mädchen mit einem hübschen Namen ...
ANSAR, SAG GUTEN TAG
Ansar
Ansar
Ansar
Und ihr Vater musste mir nicht sagen, ob oder wo er gesessen hatte, denn es gibt in der Wüste ein Gefangenenlager namens ...
ANSAR III
Natürlich gibt es noch mehr Gefängnisse, aber Ansar III, von den Israelis Ketziot genannt, ist das größte. Es wurde im März 88 eigens für die Flut von Intifadahäftlingen eingerichtet und im November 91 waren dort 6000 Menschen inhaftiert ...
Ich habe mit vielen Ansar-III-Absolventen gesprochen, aber die folgenden Erinnerungen gehen auf Interviews mit drei Männern zurück, deren Geschichten mir typisch scheinen ...
Yusef
Mohammed
Ijad
Es sind gebildete Männer mittleren Alters, die in Verwaltungshaft saßen ...
Verwaltungshaft bis zu sechs Monaten wird ohne Gerichtsverfahren verhängt ...
Sie kann um sechs Monate verlängert werden ... und dann um weitere sechs Monate ... und immer so weiter ...
Ich würde erzählen, welche Verbrechen sie begangen haben, aber keiner wurde offiziell angeklagt ...
Wie dem auch sei ...
MAN FÄNGT AN, SICH DEN KOPF DARÜBER ZU ZERMARTERN, WAS MAN GETAN HABEN KÖNNTE.

Unsere Erzählung beginnt im März '88, als Yusef nach seiner Verhaftung ins Gefängnis von Dahirija südlich von Hebron gebracht wird, wo auch Ijads Geschichte ihren Anfang hat…
„Es war die Zeit der eisernen Faust, die Politik der ‚gebrochenen Knochen'. Wir wurden mit verbundenen Augen und in Handschellen befördert und im Bus schlugen sie uns. Als wir ausstiegen, mussten wir durch ein Spalier von Soldaten laufen, die auf uns einschlugen. Zwei Gefangenen wurden die Arme gebrochen. Dann befahlen sie uns, Tier- und Zuggeräusche nachzuahmen. Sie schlugen uns so lange, bis wir den Befehl befolgten. In der Nähe veranstalteten Soldaten, darunter auch weibliche Armeeangehörige, ein Grillfest."
„Die ersten zwei Tage in Dahirija verbrachte ich im Freien… Dann sperrten sie mich 11 Tage in eine Zelle mit 35 anderen Gefangenen. Das Klo war ein Fass und es war voll. Wir sagten es den Soldaten, aber sie wollten es nicht gleich leeren, weil es Nacht war und regnete. Ein Dicker musste dringend. Er kletterte auf das Klo, verlor die Balance, und das ganze Ding kippte um."
„Die Zelle war voller Scheiße. Wir schrien. Wir trugen die Schuhe in den Händen und stopften die Strümpfe in die Schuhe. Nach einer halben Stunde kamen die Soldaten und brachten uns Seife und Wasser zum Aufwischen, aber wir mussten fünf Tage in dem Gestank leben."
J SACCO 4-93
„Ich war 18 Tage in Dahirija, dann wurden mir sechs Monate Verwaltungshaft aufgebrummt. Ich wurde mit etwa 40 Personen in einen 4 x 6 Meter großen Raum gepfercht. In zehn Tagen durften wir den Raum nur zwei Mal für jeweils 15 Minuten verlassen."

„Für zwei, drei Tage wurde ich in ein Zelt verlegt, wo es viel besser war, aber dann kam ich in eine neue Zelle, die für mich die Hölle war. Dort blieb ich eine Woche. Wir waren 21 Personen auf 3 x 4 Quadratmetern. Von Mittag an schien die Sonne auf die Stahltür. Die Belüftung bestand nur aus einem münzgroßen Loch in der Tür, durch das im Fall eines Aufstands Gas eingeleitet werden konnte."
„Um uns Luft zuzufächeln, schwenkten zwei Leute eine Decke auf und ab. Dabei lösten wir uns im Zehn-Minuten-Takt ab."
„Ich schlief nachts höchstens zwei bis drei Stunden. Ich setzte mich auf den Mülleimer und drückte die Nase an das Loch, bis ich vor Erschöpfung einschlief."
Als die ersten Gefangenen nach Ansar III verlegt wurden, wussten sie nicht, wohin man sie brachte. Yusef war unter ihnen…
J. SACCO 5·93
„Sie holten uns aus den Zellen und verteilten uns auf fünf Busse. Wir waren über 100. Wir hatten Angst. Manche weinten während der Fahrt. Wir dachten, sie würden uns nach Jordanien oder in den Libanon bringen."

ir kamen uns vor wie Tiere“, erzählte Yusef und fügte der Liste der Entbehrungen, die ich schon von deren Exgefangenen erfahren hatte, noch ein paar Details hinzu: die extremen Temperaturterschiede in der Wüste, die Insekten, Wasser, das so knapp war, dass es praktisch nur zum Trinken chte, die eintönige, unzulängliche Ernährung, keine Kleider zum Wechseln, kaum eine medizinische sorgung ... mit anderen Worten, genügend Stoff für eine weitere Comicserie ... aber halten wir s nicht auf mit diesen Dahinvegetieren-hinter-Stacheldraht-Geschichten, denn *manches* ist t der Zeit und mit Druck tatsächlich besser geworden ... Wasser wird großzügiger zugelt... Schreibgeräte sind erlaubt, Zeitungen ebenso ... und im Oktober '91 – drei Jahre nach der etriebnahme von Ansar III – wurden Besuchszeiten für Familienangehörige eingerichtet. Unterssen wurde das Gefängnis erweitert für die wachsende Zahl von Intifadahäftlingen...

„Zwei der fünf Untersektoren wurden Käfige genannt. Die Einheiten in den Käfigen waren rundum mit Betonmauern und oben durch ein Drahtgitter begrenzt. Die Gefangenen sahen dort nichts als drei Zelte, die Mauer und den Himmel. Die Käfige dienten dazu, die Anführer und Aktivisten zu isolieren."
„Wir kommunizierten mit den anderen Sektoren, indem wir um Steine oder trockene Brotstücke gewickelte Botschaften hinüber warfen. Wir nannten das 'Ballpost' oder unser 'Fax'."
Yusef zufolge fingen die Gefangenen – darunter Ärzte, Lehrer, Anwälte und Journalisten – bald an, sich über Organisationsmethoden Gedanken zu machen…
„In den ersten Tagen waren wir völlig desorganisiert. Uns fehlte eine Ordnung. Unser erster Erfolg war das Schlangestehen vor der Toilette."
„In einem Hof eingesperrt zu sein mit 250 Männern, denen nur drei Toiletten und alle drei Wochen einmal warmes Wasser zur Verfügung stehen, mag vielen wie die Hölle vorkommen… Wir mussten unser Essen selbst verteilen und es gab nur einen Teller für jeweils vier Häftlinge… Also mussten wir uns organisieren. Zu diesem Zweck bildeten wir Komitees."
Ein paar Beispiele für die Funktionsweise dieser Komitees erschienen mir lehrreich, und natürlich spitzte ich die Ohren, als Mohammed das so genannte Teekomitee erwähnte…

„Gefangene, die in der Küche arbeiteten, brachten den Tee in einem großen Kessel. Das Teekomitee musste dafür sorgen, dass der Tee so gerecht ausgeschenkt wurde, dass sich niemand beschwerte, und so schnell, dass er noch heiß war.“
„Zuerst bekam jeder einen Becher voll, dann wurde vom Anfang der Schlange ein zweites Mal ausgeschenkt, bis der Tee alle war. Der Teekontrolleur im Zelt merkte sich den nächsten in der Schlange und der bekam dann beim nächsten Mal als Erster seinen Tee.“
„Wenn man es mit der Gerechtigkeit nicht genau nimmt, gibt es Probleme. Das Gefängnis ist eine kleine Welt, in der eine Tasse Tee oder ein Stück Seife eine große Sache ist.“
d was die geistige Nahrung betrifft …
„Wenn wir zu einem Vortrag zusammenkommen wollten, entschied das Bildungskomitee über den Redner, das Zelt und die Zahl der Zuhörer … ein paar Leute mussten dann am Stacheldrahtzaun auf und ab gehen und die Wachen ablenken … Wir hielten Vorträge über Ökologie, Philosophie, Einstein, den Zusammenbruch der Sowjetunion …“
„Ich hielt zwei Vorträge über die israelische Friedensbewegung.“
„Es gab Englisch- und Hebräischunterricht. In drei Monaten lernten 14 Gefangene lesen.“

Alle hier erwähnten Aktivitäten und Organisationsstrukturen sowie die Disziplin unter den Gefanger
wurden von politischen Komitees überwacht, die die verschiedenen PLO-Fraktionen – Fatah, Volksfro
Demokratische Front, Kommunisten etc. – vertraten.

Wie groß die Solidarität unter den Gefangenen trotz der unterschiedlichen politischen Ansichten war, zeigt ein Ereignis, das sich in den ersten Tagen der Geschichte von Ansar III zutrug …
„Ich arbeitete mit drei anderen in der Küche. Gewöhnlich brachten wir die Küchenabfälle zusammen mit dem Abfall der Soldaten zum Müllplatz und dort entdeckte ich eine hebräische Zeitung."
„Ich versteckte die Zeitung und brachte sie einem Freund aus Dschenin, der Hebräisch lesen konnte. Beim Lesen kamen ihm die Tränen."
SIE HABEN ABU DSCHIHAD* ERMORDET!
*Abu Dschihad (Khalil Al-Wazir) gründete mit seinem engen Freund Jassir Arafat die palästinensische Widerstandsorganisation Fatah. Am 16. April 1988 von israelischen Kommandos in Tunis ermordet. „Wir waren ein Geist in zwei Körpern", sagte Arafat über ihn.
Zusammen mit der Küchencrew konnte Yusef bei der Essensausgabe die bereits sechs Tage alte Nachricht verbreiten …
„Wir erzählten den Gefangenen, was wir erfahren hatten … ganz ruhig, um keine Revolte auszulösen."
„Abu Dschihad gehörte zur Fatah, aber die anderen Fraktionen wollten ihm auch die Ehre erweisen. Das politische Komitee von Sektor A beschloss, am nächsten Morgen eine Gedenkminute einzulegen …"
„Weil wir keine Uhren haben durften, beschlossen wir, die Zelte während des Gebets zu verlassen … Nach dem dritten ‚Allah Akbar' gingen wir geschlossen hinaus und stellten uns eine Minute lang in einer Reihe auf."
J. SACCO 5·93

„Die Gefängnisleitung war sehr nervös. Scharen von Soldaten mit Maschinengewehren tauchten auf … Panzer rückten an und wirbelten Sand auf … Sie befahlen uns über Lautsprecher, in die Zelte zurückzugehen. Dann fingen sie an, in die Luft zu feuern und Tränengas zu schießen … Die Häftlinge bewarfen sie mit Steinen, mit ihren Schuhen. Wir in der Küche warfen mit Zwiebeln. Es war ein halbstündiger Aufruhr. Einige Gefangene wurden durch Gummigeschosse verletzt, aber unsere Botschaft war bei den Israelis angekommen.“
„Wenn man etwas erreichen will, muss man wissen, wie weit man mit der Provokation gehen kann. Wenn wir z.B. patriotische Lieder oder alte Volksweisen sangen, durften uns die Soldaten dies verbieten.“
MAUL HALTEN!
„Wir beachten ihn nicht und er sagt es uns vielleicht drei Mal. Dann macht er einem Offizier Meldung, worauf dieser kommt und unseren Untersektor verwarnt und uns für das nächste Mal Tränengas androht. Sobald wir merken, dass es ernst wird, hören wir auf … Eine halbe Stunde später fangen wir von neuem an …“
Die Gefangenen lernten auch, sich in ihren Aktivitäten der Routine der Wachen anzupassen und die Zeiten zu erkennen, in denen die Israelis die Dinge eher schleifen ließen …
„Wir wussten, dass es donnerstags günstig war, weil dann der Kommandeur heimfuhr und nicht wegen einer Störung über Nacht dableiben wollte.“

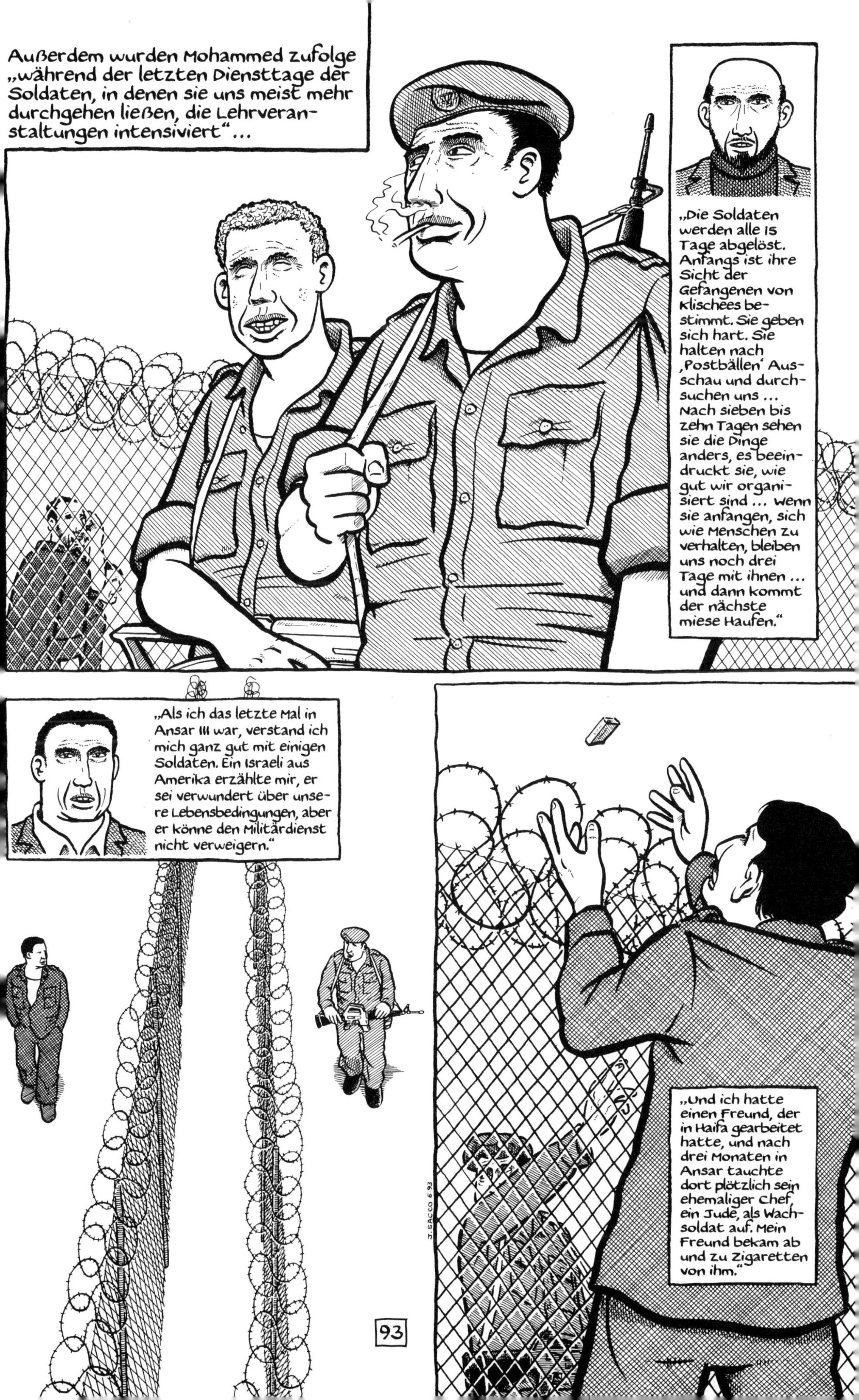
Außerdem wurden Mohammed zufolge „während der letzten Diensttage der Soldaten, in denen sie uns meist mehr durchgehen ließen, die Lehrveranstaltungen intensiviert“ …
„Die Soldaten werden alle 15 Tage abgelöst. Anfangs ist ihre Sicht der Gefangenen von Klischees bestimmt. Sie geben sich hart. Sie halten nach ‚Postbällen‘ Ausschau und durchsuchen uns … Nach sieben bis zehn Tagen sehen sie die Dinge anders, es beeindruckt sie, wie gut wir organisiert sind … Wenn sie anfangen, sich wie Menschen zu verhalten, bleiben uns noch drei Tage mit ihnen … und dann kommt der nächste miese Haufen.“
„Als ich das letzte Mal in Ansar III war, verstand ich mich ganz gut mit einigen Soldaten. Ein Israeli aus Amerika erzählte mir, er sei verwundert über unsere Lebensbedingungen, aber er könne den Militärdienst nicht verweigern.“
„Und ich hatte einen Freund, der in Haifa gearbeitet hatte, und nach drei Monaten in Ansar tauchte dort plötzlich sein ehemaliger Chef, ein Jude, als Wachsoldat auf. Mein Freund bekam ab und zu Zigaretten von ihm.“
J. SACCO 6.93

„Wir machen uns nicht mit den Wachen bekannt, um unsere Situation zu verbessern. Wir wollten damit der politischen Absicht entgegenwirken, Israelis durch den Dienst im Gefängnis zu Palästinenserhassern zu erziehen."
„Sehen Sie, was die Israelis mit diesem verdammten Pflichtdienst bewirken wollen. Er dient dem ideologischen Zweck, ihre Bürger in eine Situation zu bringen, in der sie die Palästinenser nicht als Menschen sehen … Sie sehen Gestalten, die wie Tiere behandelt werden, die bis vor kurzem nicht einmal Löffel zum Essen hatten … schmutzige Gestalten, die keine Möglichkeit zur Körperpflege haben und deren Gesichter von Ungeziefer wimmeln. Und dieses Bild prägt sich ein – ‚Das sind meine Feinde' … russische Juden, die noch nie einen Palästinenser gesehen haben, werden zum Militärdienst in die Gefangenenlager und die besetzten Gebiete geschickt. Dort können auch sie lernen zu hassen."
„Ansar III wurde nicht nur wegen der Intifada eingerichtet; es ist Teil der Politik … Man sieht immer wieder die gleichen Gesichter in den Gefängnissen, es ist also keine Abschreckung."
Am Ende ihrer Haftzeit erweisen die Gefangenen ihren zurückbleibenden Kameraden oft noch einen Dienst – sie bringen den Freunden und Familien draußen Nachrichten mit …
„Es ist die übliche Routine. Man verschluckt Briefe in Kapseln. Sie sind aus Plastik, das an einem Ende geschmolzen und so verschlossen wird … Ich habe mindestens 14 solcher Kapseln verschluckt. Am Tag der Entlassung kommen die Leute und fragen, ob man eine Nachricht für sie hat, und man sagt: ‚Ja, aber erst morgen vielleicht.'"
Als er das erste Mal aus Ansar III entlassen wurde, war das der glücklichste Moment seines Lebens, erzählt Yusef. Viele Leute, Journalisten, kamen zu seiner Begrüßung. Als ihn die Israelis vier Monate später erneut verhafteten, war er hier in seinem Büro, wo wir Tee tranken …
ICH KANN NICHT VERHINDERN, DASS SIE MICH VERHAFTEN. ICH WILL NICHT WIEDER INS GEFÄNGNIS, ABER DAS IST UNSER LEBEN.
WAS BLEIBT UNS ANDERES ÜBRIG, ALS WEITER ZU KÄMPFEN?
J. SACCO 5·93

WILL-KOMMEN! WILLKOM-MEN!
GEMÄSSIGTER DRUCK
TEIL 1
Jabrils Haus ist mein Haus...
Er rollt den roten Teppich aus, so weit es im Flüchtlingslager Balata eben geht...
Er schiebt mir den Heizstrahler vor die Knie...
Er bellt Befehle und seine Brüder bringen Tee herein...
dann Kaffee...
WILL-KOMMEN!
Na schön, und jetzt zur Sache...
Ich will etwas über die zwei Monate hören, die er im Gefängnis von Nablus schmorte, weil ihn die Israelis beschuldigten, Mitglied der Volks-front zu sein...
ER SAGTE: „JABRIL, ERZÄHL MIR ALLES. WIR HABEN SCHON ALLES IM COMPUTER."
ICH SAGTE: „WARUM FRAGEN SIE MICH, WENN SIE SCHON ALLES WISSEN?"
ER SAGTE: „ICH WILL ES VON DIR HÖREN..."
während Jabril erzählt, taucht Abu Akram auf...
Wurde er schon einmal verhört?
Klar, sagt er.
GESCHLA-GEN?
Er sieht mich an, als wollte er fragen: Machst du Witze?
WIE WURDEST DU GESCHLAGEN? KANNST DU ES BESCHREI-BEN?
Hör mal, sagt er, geschlagen... ob ich nicht verstehe, was das heißt.
J. SACCO 5·93

Also gut, sagt er ...
Komm her ...
Setz dich ...
So rum, ohne die Lehne ...
BLEIB SITZEN!
HÄNDE NACH HINTEN!
ZURÜCKLEHNEN!
Ha ha ha, das ist ein merkwürdiges Gefühl.
Na schön, ich verstehe schon ... Erfahrungen aus zweiter Hand sind eine Sache, aber – aber mich fasziniert es trotzdem, ich will trotzdem jedes klitzekleine Detail wissen, will, dass man mir das Knirschen beschreibt ... denn ich bin als Vorstadtkind groß geworden ... Horror gab es im Kino ... gequält wurde niemand außer der Katze ein paar Häuser weiter und im Übrigen beschränkte sich mein Interesse auf Winston Smith und Wachsfiguren ... aber hier sitze ich den echten McCoys gegenüber, den ehemaligen Gästen des israelischen Inlandsgeheimdienstes Schin Bet, und ich bestehe darauf, dass sie mir meinen Wunsch erfüllen ...
J. SACCO 5.93
ICH MUSSTE MICH NACKT AUSZIEHEN UND DANN HABEN SIE MICH AUF DEM DACH FESTGEBUNDEN UND VIER STUNDEN IM REGEN STEHEN GELASSEN ...
Keine Angst ...
Er hält inne ...
Er tut es nicht ...
Er verschont mich ...
SIE SAGTEN, SIE WÜRDEN MEINE MUTTER UND MEINE SCHWESTERN VERGEWALTIGEN. SIE SAGTEN, SIE WÜRDEN SIE TÖTEN.
DIE TÜR WIRD GESCHLOSSEN UND DIE WELT SIEHT NICHTS.

Bestimmt gibt es Schlimmeres ... das gibt es immer, nicht wahr? Aber wir sprechen hier von Israel, „der einzigen Demokratie im Nahen Osten", und weil solche Dinge auch den Israelis keine Ruhe ließen, beauftragten sie 1987 Mosche Landau, einen pensionierten Vorsitzenden des Obersten Gerichtshofs, mit einer Untersuchung ...

Tatsächlich kam die Landau-Kommission zu dem Schluss, dass Schin-Bet-Offiziere das Gericht konstant *belogen* hatten, als sie die Erzwingung von Geständnissen mit physischer Gewalt abstritten ... zufällig empfahl die Kommission auch, keine Anklage gegen die Verantwortlichen zu erheben ...

Die Landau-Kommission begründete das in ihrem Bericht damit, dass sich Israel nur vor „terroristischen Aktivitäten" schützen könne, wenn dem Schin Bet das Recht zugestanden werde, in Verhören ein *gewisses* Maß an „psychologischem und gemäßigtem physischem Druck" auszuüben ... Worin ein solcher zulässiger Druck bestand, wurde allerdings im bis heute geheim gehaltenen zweiten Teil des Berichts beschrieben ... aber seid versichert, dass er (so der offizielle Wortlaut) nichts „Unangemessenes" beinhaltet, keine „physische Folter" und nichts, das „den Beschuldigten seiner Menschenwürde beraubt ..."

Und so erhielt Richter Landau den Israel-Preis und Israel ist weiterhin „die einzige Demokratie im Nahen Osten" ... und Palästinenser werden weiterhin verhört, jetzt allerdings nach geheimen Richtlinien, die wer weiß welchen Interpretationen unterliegen, und was immer man von den „neuen" Methoden halten mag, *sie sind jedenfalls legal ...*

Sagt mir, wenn ihr den schon kennt - ich habe ihn zweimal gehört ...
EIN PALÄSTINENSISCHER WITZ
Drei Geheimagenten gehen an einem Waldrand entlang. Einer ist von der CIA, einer vom KGB und einer vom Schin Bet ...
Sie sehen, wie ein Kaninchen zwischen den Bäumen verschwindet, und wollen sehen, wer es am schnellsten einfangen kann ...
Zuerst geht der CIA-Mann und kommt nach zehn Minuten mit dem Kaninchen zurück ...
Sie lassen das Kaninchen wieder laufen ...
Der KGB-Agent kommt schon nach fünf Minuten mit dem Kaninchen zurück ...
Der Mann vom Schin Bet ist nicht beeindruckt ...
DAS IST GAR NICHTS.
LASST DAS KANINCHEN WIEDER FREI.
Der Schin-Bet-Agent folgt dem Kaninchen ...
Die beiden anderen warten ... fünf Minuten vergehen ... zehn Minuten ... 20 ... 40
DA STIMMT ETWAS NICHT.
Sie gehen in den Wald, um ihren israelischen Kollegen zu suchen ...
Sie laufen weit ... um sie herum wird der Wald immer dichter ...
Endlich hören sie etwas – lautes Schimpfen und Schreien ...
... Sie folgen dem Lärm bis zu einer Lichtung ...
GIB'S ZU, DU BIST DAS KANINCHEN!
GIB'S ZU, DU BIST DAS KANINCHEN!
J. SACCO 6.93

m Gaza-
treifen sagte
nmal jemand zu
ir: „Im Verhör vergisst
an den Namen seines Va-
ers." Ich? Ich weiß nicht,
ie lange ich die Spezial-
ehandlung hinter verschlossenen
üren aushalten würde. Nicht
ange ... bin ein Weichei erster
üte ... ein schroffes Wort,
in drohender Blick und ich
schreie nach Amnesty
International
...
DIE HARTEN UND DIE TOTEN
Aber ich treffe mich mit einer Palästinenserin, die wirklich knallhart ist ...
Vor zwei Jahren saß sie mit freundlicher Unterstützung des Schin Bet 18 Tage im berüchtigten Russischen Lager in Jerusalem ...
Und sie ist immer noch sauer auf die Typen, die sie verpfiffen, die ihr etwas anhängten, was sie, wie sie sagt, nicht getan hat ... das Unterschreiben patriotischer Pamphlete nämlich ...
EINIGE WURDEN AM MORGEN VERHAFTET UND SCHWÄRZTEN MICH AM NACHMITTAG AN...
SIE KONNTEN NICHT EINEN TAG LANG SCHMERZEN AUSHALTEN...
NICHT NUR IHR KÖRPER WAR SCHWACH, AUCH IHR GEIST WAR SCHWACH, UND IHR ENGAGEMENT FÜR DIE SACHE IHRES LANDES WAR SCHWACH...
„Der Schin Bet stellte mich einem von ihnen gegenüber und als ich ihn fragte, ob er mich überhaupt kennt, sagte er nein ..."
BRINGEN SIE IHN ZURÜCK UND DAS NÄCHSTE MAL SAGEN SIE IHM, WAS ER SAGEN SOLL.
UND WENN SIE IHN AUF DIE GENITALIEN SCHLAGEN, TUT ES EINMAL, ZWEIMAL WEH...
Danach, sagt sie, spürt man es nicht mehr so sehr ...
Es ist natürlich ein kleiner Unterschied, aber wer bin ich, mich mit einer Frau ihres Schlags anzulegen ... sie saß Monate im Gefängnis, sie wurde viermal verhaftet ...
Und im Russischen Lager ließ der Schin Bet sie einen halben Tag nach einer Leberbiopsie im „Sarg" stehen ...
„Es ist eine winzige Zelle, in der man aufrecht steht, 80 mal 60 cm groß und zwei Meter hoch, sehr dunkel ... Ich hatte weiche Knie, ich konnte nicht stehen, ich spürte das Betäubungsmittel noch ... Es war kalt ... ich verlor das Bewusstsein ..."

Irgendwann ging die Tür auf, die Luft brachte sie wieder zu sich …
DU BIST NOCH NICHT TOT?
ICH MUSS KOTZEN.
Man fesselte sie und verhüllte ihren Kopf – die Palästinenser nennen diese Methode al-Shabah – „manchmal vier Stunden, manchmal den ganzen Tag … manchmal holen sie dich dazu mitten in der Nacht“.
Sie musste gerade sitzen und eine Eisenstange drückte ihr gegen die Wirbelsäule, sagt sie, und sie erhielt Schläge, wenn sie sich an die Wand lehnte …
Aber das Schlimmste war die Isolation, ihre Zelle, die völlig verdreckt war, sagt sie, und wo sie weder Klopapier noch Damenbinden bekam …
Sie freute sich auf die Verhöre, weil sie dann mit jemandem sprechen konnte … „Ich konnte mich mit ihnen amüsieren“ … sie sagt, sie hatte die Schin-Bet-Leute durchschaut …
„Sie haben eine Information. Zuerst wollen sie, dass man ihre Information bestätigt. Dann wollen sie, dass man ihnen weitere Informationen gibt, die andere belasten …“
Der Schin Bet glaubte, die Doppelkarte ihres Geschlechts und ihres Kulturkreises gegen sie ausspielen zu können … Sie gingen davon aus, dass eine lange Haftstrafe ihre Heiratschancen zunichte machen würde …
WIR INHAFTIEREN KEINE FRAUEN. WIR KENNEN DIE SITUATION JUNGER FRAUEN IN IHRER GESELLSCHAFT. NIEMAND WIRD SIE HEIRATEN.
WENN ICH IN 25 JAHREN RAUSKOMME, STEHEN SIE SCHLANGE NACH MIR, ABER SIE SIND DANN WOHL SCHON TOT.

Und sie drohten ihr mit Vergewaltigung sagt sie … sie hielten ihr vor, während einer Überseereise wechselnde Sexualpartner gehabt zu haben …
WIESO DENN NICHT? ICH WOLLTE ABWECHSLUNG.
Nachdem klar war, dass sie sich nicht sexuell einschüchtern ließ, stellten die Schin-Bet-Leute entsprechende Versuche – und schließlich das ganze Verhör – ein …
Bei der Entlassung erhielt sie ein bis dahin zurückgehaltenes Päckchen von ihren Eltern, Schokolade und Zigaretten … ein Schin-Bet-Offizier bat sie um ein Stück Cadbury's …
EHRLICH GESAGT, WENN ALLE FRAUEN, DIE WIR VERHÖREN, SO WÄREN WIE SIE, KÖNNTEN WIR DAS RUSSISCHE LAGER ZUMACHEN. SIE SIND STARK.
WAS WOLLEN SIE VON MIR?
Verdächtig bis zum Schluss, und, wie gesagt, wirklich knallhart …
Aber wie steht es mit Mustafa Akkawi?
Wie stark war er?
Zwei Wochen israelisches Verhör und er ist ein toter Mann, seine Familie weint und wir zertrampeln seinen Vorgarten, um alles auf Film zu bannen …

Es ist ein regnerischer Februartag, ein Tag der Megafone und Märtyrerparolen …
Ein Wunder, dass die Israelis einen so demonstrativen Leichenzug zulassen … sie meinen wohl, es ist an der Zeit, dass die Palästinenser etwas patriotischen Dampf ablassen …
Ich habe Saleh, meinen fotografierenden Kumpel von der Nachrichtenagentur, getroffen. Er prüft, woher der Wind weht und von wo geschossen werden könnte, weil er einen Gasangriff erwartet …
LETZTES MAL BIN ICH OHNMÄCHTIG GEWORDEN … SIE MUSSTEN MICH RAUSTRAGEN …
J. SACCO 6·93
Aber die Israelis halten sich zurück, auch als ein paar demonstrativ maskierte Jugendliche ihren Hals riskieren, um eine verbotene Palästinenserflagge auf der Al-Aqsa-Moschee zu hissen … und unter dem Beifall der Menge ist Mustafa nur noch eine Randfigur an einem Tag des Widerstands …

Mustafa Akkawi ...
36 Jahre alt, emann und Vater eines einjährigen indes, Vertreter einer kleinen Kosmetikfirma ...
... aber für mich ist er nur eine Kiste, die Israelis warfen ihm vor, Mitglied der Volksfront zu sein ...
... und für die Akten ist er der achte Palästinenser, der beim Verhör starb, seit der Schin Bet begonnen hat, „gemäßigten Druck" auf Verdächtige auszuüben ...
Der amerikanische Pathologe, den die Familie mit einer Autopsie beauftragt hat, befand, dass Mustafa gestorben war „an einem Herzinfarkt, ausgelöst durch emotionalen Druck, physische Erschöpfung und die Kälte, der er ausgesetzt war, während ihm gleichzeitig angemessene medizinische Versorgung vorenthalten wurde". Die israelische Regierung sagte, das habe nichts mit Folter zu tun. Ein Herzinfarkt ist ein Herzinfarkt ist ein Herzinfarkt. Die Akte ist geschlossen.
Saleh wartet immer noch auf den Angriff ...
SIE WERDEN VON DORT KOMMEN.
J. SACCO 6-93
Aber die Polizei greift nicht ein und unter den alten Stadtmauern von Jerusalem senkt sich friedlich eine Kiste in die Erde ...

'GEMÄSSIGTER DRUCK' TEIL 2
Täuscht euch nicht, Parallelwelten gibt es überall, nicht nur in Marvel-Comics ... Hier? Auf den Straßen sichtbar: Verkehr, verliebte Paare, Falafel zum Mitnehmen, Touristen im Trainingsanzug, Briefmarken für ihre Ansichtskarten leckend ... Und jenseits der Mauer hinter verschlossenen Türen: andere Dinge – an Stühle gefesselte Menschen, Schlafentzug, Uringestank ... andere Dinge, die aus „Gründen der Staatssicherheit" passieren ... aus „Sicherheitsgründen", im „Kampf gegen den Terrorismus" ... Ghassan sind sie vor eineinhalb Wochen passiert, er zeigt mir Rücken und Handgelenke, die blauen Flecken sind noch zu sehen ... er ist wirklich ein aktueller Fall ... frisch von der Folterbank ...
Jetzt ist er wieder in seinem gutbürgerlichen Wohnzimmer in Ostjerusalem und bewirtet einen Gast mit Tee und Süßigkeiten ... Vor vier Wochen war er ein Verdächtiger, verhaftet in einem Zug mit Mustafa Akkawi – erinnert ihr euch? – dem Mann, den wir gerade begraben haben ...
Ghassan erzählt, während seine Kinder auf ihm herumklettern.
Und schon bald ist seine Tochter auf seinem Schoß eingeschlafen ... vielleicht ist sie zu jung, um zu begreifen, oder sie hat die Geschichte schon zu oft gehört ... jedenfalls schläft sie ...
Und mit Schlaf beginnt auch Ghassans Geschichte ... so, wie alle diese Geschichten beginnen ... mit Menschen, die schlafen ...
Und plötzlich wird eine Tür eingetreten ...

„Ich sprang aus dem Bett. Sie waren bereits im Haus. Etwa 12 bis 15 Soldaten und Polizisten und zwei Männer vom Inlandsgeheimdienst."
„Sie verbanden mir die Augen, fesselten meine Hände mit einer Plastikfessel und setzten mich auf den Küchenboden."
JEDER HUND HAT SEINEN TAG.
SO ETWAS SOLLTEN SIE NICHT SAGEN, NACHDEM SIE SO IN MEIN HAUS EINGEDRUNGEN SIND. ICH HABE KINDER, EINE FRAU.
HALT LIEBER DAS MAUL.
„Sie nahmen mir die Augenbinde ab und zeigten mir einen Durchsuchungsbefehl für mein Haus."
SIE WERDEN BESCHULDIGT, MITGLIED EINER VERBOTENEN ORGANISATION ZU SEIN.
J. SACCO 6-93

„Ein Mann mit Kamera machte zwei oder drei Fotos."
„Dann verbanden sie mir wieder die Augen ... Wir verließen das Haus. Meine Frau bestand darauf, dass sie Kleider für mich mitnahmen."
VATER! VATER!
HABT KEINE ANGST.
„Wir fuhren in einem Auto, die Fahrt dauerte fünf oder zehn Minuten."
„Sie zerrten mich in ein Polizeirevier... Sie nahmen mir die Augenbinde und die Handfesseln ab."
„Sie nahmen mir den Ausweis ab und alles, was ich in den Taschen hatte, und setzten alles auf eine Liste."
„Nach weiteren Fotos brachten sie mich zu einem Polizeiarzt."
IRGENDWELCHE BESCHWERDEN? KRANKHEITEN?
NEIN.
„Es gab keinerlei Untersuchung."

„Ein Polizist stülpte mir einen Sack über den Kopf und fesselte mir die Hände hinter dem Rücken ... Der Sack stank widerlich nach Urin."
„Ich musste mich auf einen niedrigen Stuhl setzen. Er band meine Hände sehr fest, die Linke an eine Eisenstange oder ein Rohr, die Rechte an die Stuhllehne."
„Nach einer Stunde spürte ich Schmerzen in den Schultern."
„Nach sechs oder sieben Stunden holte mich ein Polizist."
J. SACCO 7·93
SIE WERDEN BESCHULDIGT, MITGLIED EINER VERBOTENEN ORGANISATION ZU SEIN.

ICH WEISS NICHT, WOVON SIE REDEN. ICH BIN NIRGENDWO MITGLIED. ICH HABE NICHTS ZU SAGEN.
WENN SIE GESTEHEN WOLLEN, WUNDERBAR. WENN NICHT, LASSEN WIR UNS ETWAS ANDERES EINFALLEN.
„Nach zwei oder drei Stunden holte mich ein Polizist."
DA.
„Ich saß in einer Zelle mit einem versifften Klo. Ich musste schnell essen und trinken. Es gab ein Ei, vier Stück Brot, etwas Joghurt und ein Stück Tomate. Nach zehn oder fünfzehn Minuten kam der Polizist zurück."
„Einmal wollte ich mich bequemer hinsetzen und fiel vom Stuhl."
HE.
HÖRT MICH JEMAND?
IDIOT, WARUM SITZT DU NICHT STILL?
SETZ DICH.
„Ich hatte das Gefühl, in einem Hof mit rostigem Blechdach zu sitzen. Es war sehr kalt."
„Ich spürte die Anwesenheit anderer. Ich hörte Polizisten kommen und gehen."
J. SACCO 7.93

„Einmal hörte ich jemanden reden. Einmal spürte ich, dass ein Polizist kam und jemanden schlug."
„Aus Lautsprechern dröhnte Kassettenmusik … sehr laut … hebräische, englische, manchmal arabische Lieder."
„Sie spielten drei oder vier Kassetten ab, die gleichen Lieder rund um die Uhr."
SIND SIE JETZT BEREIT ZU REDEN?
„Etwa 30 Stunden nach meiner Verhaftung holte mich die Polizei."
„Ich ahnte, dass ich dem Richter vorgeführt werden sollte."
„Sie nahmen mir den Sack und die Handfesseln ab und ließen mich vier oder fünf Stunden in einem Zimmer warten."
„Meine Hände waren geschwollen. Meine Haut war rötlich blau verfärbt."
„Ich kam vor ein Gericht. Mein Anwalt war da, aber ich durfte nicht mit ihm sprechen."
EUER EHREN, WIR GLAUBEN, DASS DER VERDÄCHTIGTE MITGLIED EINER VERBOTENEN ORGANISATION IST.
DAS STIMMT NICHT. WELCHE BEWEISE HABEN SIE?
WIR HABEN IN SEINEM HAUS UNTERLAGEN GEFUNDEN. ER TELEFONIERT MIT TERRORISTENFÜHRERN IM AUSLAND. WIR HABEN DIESE LISTE MIT TELEFONNUMMERN GEFUNDEN.
DAS IST DIE NUMMER MEINES SCHWAGERS, ANDERE VERWANDTE MEINER FRAU … MEINE ARBEITSSTELLE … EIN KRANKENHAUS … NUMMERN VON VERWANDTEN …
„Der Richter konnte Arabisch lesen. Er sah sich die Liste selbst an."
EUER EHREN, WIR BRAUCHEN NOCH 15 TAGE, UM WEITERE BEWEISE ZUSAMMENZUTRAGEN.
EUER EHREN, ES LIEGEN KEINE BEWEISE VOR. MEIN MANDANT SOLLTE UNVERZÜGLICH FREIGELASSEN WERDEN.
J. SACCO

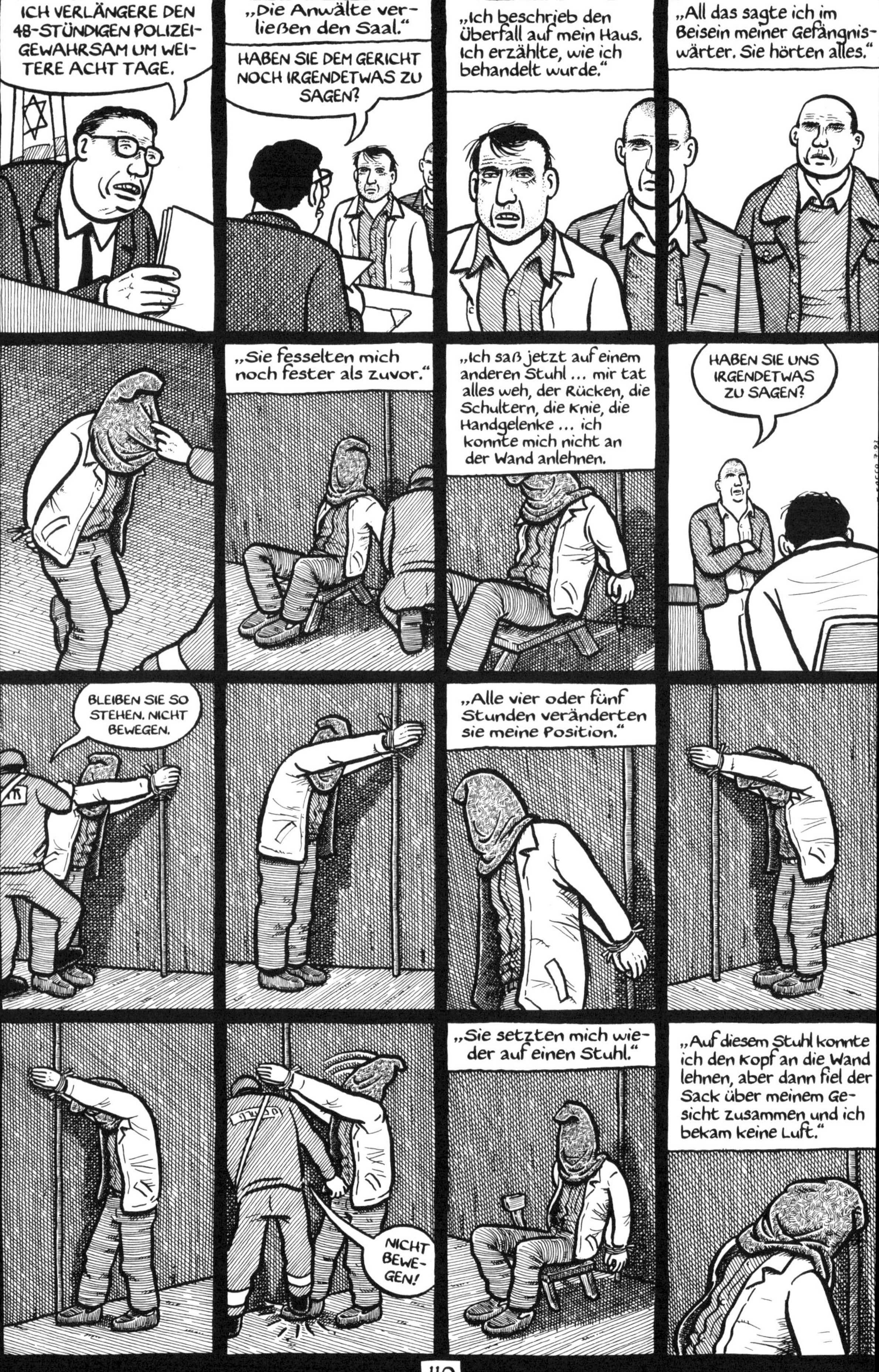
ICH VERLÄNGERE DEN 48-STÜNDIGEN POLIZEIGEWAHRSAM UM WEITERE ACHT TAGE.
„Die Anwälte verließen den Saal."
HABEN SIE DEM GERICHT NOCH IRGENDETWAS ZU SAGEN?
„Ich beschrieb den Überfall auf mein Haus. Ich erzählte, wie ich behandelt wurde."
„All das sagte ich im Beisein meiner Gefängniswärter. Sie hörten alles."
„Sie fesselten mich noch fester als zuvor."
„Ich saß jetzt auf einem anderen Stuhl ... mir tat alles weh, der Rücken, die Schultern, die Knie, die Handgelenke ... ich konnte mich nicht an der Wand anlehnen.
HABEN SIE UNS IRGENDETWAS ZU SAGEN?
BLEIBEN SIE SO STEHEN. NICHT BEWEGEN.
„Alle vier oder fünf Stunden veränderten sie meine Position."
„Sie setzten mich wieder auf einen Stuhl."
NICHT BEWEGEN!
„Auf diesem Stuhl konnte ich den Kopf an die Wand lehnen, aber dann fiel der Sack über meinem Gesicht zusammen und ich bekam keine Luft."

„Nach vier schlaflosen Tagen fing ich an zu halluzinieren."
MEINE TOCHTER IST TOT.
MEIN BRUDER SITZT NEBEN MIR.
WO SIND MEINE TÖCHTER? WAS IST MIT IHNEN GESCHEHEN?
MEIN BRUDER IST TOT.
MEIN VATER IST TOT.
MEIN ONKEL IST TOT.
MEINE MUTTER IST KRANK. SIE IST IM KRANKENHAUS.
MEINE MUTTER WURDE VERHAFTET.
„Ich hatte etwa bis zum 15. Tag Halluzinationen. Sie hörten auf, wenn ich etwas zu essen bekam oder verhört wurde …"
„… oder wenn sie mich auf den Kopf schlugen, damit ich nicht einschlief oder damit ich mich gerade hinsetzte."
„Nach vier Tagen brachten sie mich in eine Zelle und ließen mich vier oder fünf Stunden schlafen."
„Am fünften oder sechsten Tag bekam ich Schmerzen in der Brust."
HÖRT MICH JEMAND?
WOLLEN SIE GESTEHEN?
NEIN. ICH HABE SCHMERZEN IN DER BRUST.
WO SPÜREN SIE DEN SCHMERZ?
IN DER BRUST.
J. SACCO 7·93
NEHMEN SIE DIESE PILLE.
ER HAT NIEDRIGEN BLUTDRUCK. SIE SOLLTEN SEINE HANDFESSELN LOCKERN.
„Sie zogen die Fesseln noch fester an."
„Ich verlor alle Hoffnung. Ich bat um nichts mehr. Mir tat alles weh."
„Jemand kam, zog meine Hände hoch und zog die Plastikfessel noch fester zu."

WIE GEHT ES IHNEN?
SEHR GUT.
ETWAS NEUES? EIN GESTÄNDNIS?
NEIN.
„Irgendwann spürte ich die Schmerzen nicht mehr."
„Zuerst schienen sie mich alle sechs oder sieben Stunden zu verhören."
ERZÄHLEN SIE UNS VON IHRER FAMILIE.
„Später war es nur noch alle 24 bis 30 Stunden."
SIE SOLLTEN EIN GESTÄNDNIS ABLEGEN. WIR HABEN SCHON ALLE INFORMATIONEN, DIE WIR BRAUCHEN. UNTERSCHREIBEN SIE EINFACH.
„Die Verhöre dauerten eine Minute, 10 Minuten, 30 Minuten, zwei Stunden, vier Stunden …"
WIE STEHEN SIE ZUM FRIEDENSPROZESS?
WIE STEHEN SIE ZUM FRIEDENSPROZESS?
£$#!! IHRE ORGANISATION LEHNT DEN FRIEDENSPROZESS AB!
ICH GEHÖRE ZU KEINER ORGANISATION.
SIE LÜGEN!
DA.
„Ich bekam nicht genug zu essen. Sie gaben mir nicht regelmäßig zu essen, einmal, zweimal oder dreimal am Tag."
MEINE TOCHTER IST TOT.
MÖCHTEN SIE JETZT SCHLAFEN?
JA, WENN ES MÖGLICH IST.
SIE MÜSSEN EIN BISSCHEN REDEN. SIE MÜSSEN MIT UNS KOOPERIEREN.
UND WENN NICHT?
DANN WERDEN SIE LANGE HIER SEIN.
„Am neunten Tag ließen sie mich fünf oder sechs Stunden schlafen."

„Er rammte mich mit der Schulter…“
„… dann schüttelte er mich…“
„… und stieß mich auf den Stuhl zurück.“
JETZT KRIEGST DU EINEN HERZINFARKT!
WIR HABEN KEINE NEUEN UNTERLAGEN GEFUNDEN, EUER EHREN…
… ABER FINDEN UNSERE BEWEISE, WENN SIE UNS NOCH EINMAL 15 TAGE GEBEN.
EUER EHREN, ES LIEGEN KEINE BEWEISE VOR. DAS GERICHT SOLLTE MEINEN MANDANTEN UNVERZÜGLICH FREILASSEN.
„Der Richter räumte ihnen weitere sieben Tage ein.“
J. SACCO 7-93
„Die Anwälte verließen den Raum.“
HABEN SIE DEM GERICHT NOCH ETWAS ZU SAGEN?
NEIN.
ICH STECKE SIE NICHT GERN IN DIESE ZELLE … SIE SIND EIN GEBILDETER MANN … ABER SIE SIND NICHT KOOPERATIV.
„Es war eine kleine, dunkle Zelle, etwa 1,2 Quadratmeter, voller Urinpfützen.“
„Ich schwor, mich nicht in den Urin zu setzen.“
„Ich halluzinierte, ich befände mich in einer großen Zelle.“
„Ich wollte etwas gehen und prallte nach einem Schritt gegen die Wand.“
„Es schien mir besser, mich zu setzen. Auf der Stufe gab es eine trockene Stelle.“
HABEN SIE UNS WAS ZU SAGEN? WENN NICHT, MÜSSEN SIE HIER DRIN BLEIBEN.
MEINE TOCHTER IST TOT.
„Nach einem oder eineinhalb Tagen wurde ich wieder an einen Stuhl gefesselt.“
„Es war kalt. Am 12. Tag, der Nacht vor dem Sturm vom 4. Februar, brachten sie mich an einen anderen Ort.“

„Vielleicht war es ein Korridor."
„Der Wind fegte durch den Korridor. Es hörte sich an, als würde das Dach einstürzen."
„Es regnete in Strömen, der Boden war voller Wasser. Meine Strümpfe und Schuhe waren durchnässt."
„Ich spürte nichts mehr."
UND?
„Beim dritten Mal vor Gericht verfügte der Richter eine Verlängerung der Haft um weitere vier Tage."
„Nach vier oder fünf Stunden fragte ein Polizist, ob ich baden wolle."
WENN ES WARMES WASSER GIBT.
HIER SIND KLEIDER VON IHRER FAMILIE, RASIERZEUG.
„Das erste Mal seit 15 Tagen, dass ich mich wusch."
„Da wusste ich noch nicht, dass sie Mustafa Akkawi gerade umgebracht hatten."
„Nach nur zwei Stunden auf dem Stuhl brachten sie mich zum Schlafen in eine angenehme Zelle."
„Alle vier bis fünf Stunden wurde ich in eine andere Zelle gebracht."
„Ich durfte schlafen."
„In der letzten Zelle blieb ich zwei Tage. Es war Samstag, der Sabbat, und ich wurde nicht verhört."
„Am 19. Tag musste ich wieder vor Gericht erscheinen."
EUER EHREN, WIR BRAUCHEN IN DIESEM FALL WEITERE ZEHN TAGE, UM BEWEISE ZU SAMMELN.
EUER EHREN, ES LIEGEN KEINE BEWEISE VOR, ES GAB KEIN GESTÄNDNIS, MEIN MANDANT SOLLTE NOCH HEUTE FREIGELASSEN WERDEN.
J. SACCO 7.93

EUER EHREN, WIR WERDEN DIE BENÖTIGTEN BEWEISE IN KÜRZE HABEN.
„Die Richterin verfügte meine Freilassung."
„Um drei Uhr wurde ich entlassen."
64·466·55
64·466·55
J. SACCO 7·93

FÜNFTER TEIL

Im Taxi
über Ramallah nach Jerusalem zurück
am Stadtrand einige Dutzend Siedler
bewaffnet und betend
mit Kindern, eine Familienangelegenheit
vielleicht wollen sie nach Ramallah rein und Schaufenster einschmeißen wie letzten Monat
uns geht das nichts an, wir fahren vorbei
wir zischen durch Ramallah
fast fünf
um fünf sind alle in ihren Häusern
Ausgangssperre bis zum Morgen
nicht einmal fünf und Ramallah ist leergefegt
ruhig
RAMALLAH
Ramallah, nicht ganz so ruhig
am Samstagmorgen
am Markt, Menschen, die einkaufen
Plötzlich
ganz in der Nähe
DETONATIONEN!
Palästinenser rennen los
verbarrikadieren ihre Läden
WAMM!
eine Kreuzung
Soldaten springen aus einem Jeep
und gehen in Stellung

WUMM!
was zum ...?
Verzeihung, sprechen Sie Englisch?
Was ist da los?
Häh?
Ich verstehe seine Antwort nicht und weg ist er.
Alles rennt auseinander
ich springe in ein Taxi
ein Verkehrschaos
ein Jeep mit arabisch plärrendem Megafon bahnt sich einen weg
endlich geht es weiter
hinter Ramallah dann eine Straßensperre ...
aber wir haben Glück
ein Soldat winkt uns durch.
In Jerusalem bin ich immer noch außer mir und erzähle dem palästinensischen Hotelangestellten an der Rezeption, dass in Ramallah israelische Militärposten angegriffen werden ...
IN RAMALLAH? DAS GLAUBE ICH NICHT. DETONATIONEN?
SECHS DETONATIONEN! ICH HABE ES GESEHEN! SECHS! DICHTE RAUCHWOLKEN!
Ich hatte alles falsch verstanden, aber das waren die ersten Schockgranaten, die ich je gehört habe ... die Soldaten setzen sie ein, um die Leute in ihre Häuser zu treiben – sofortige Ausgangssperre ...
Ich sollte sie noch oft hören in Ramallah
J. SACCO 8·93
Ramallah, Mann, da geht die Post ab!
15 Minuten von Jerusalem ...
Ich fahre die 15 Minuten und warte die nächsten Samstagvormittage darauf, dass noch etwas passiert
etwas Spektakuläreres.
In einem Comic muss es Knallereien geben und ich bete darum, dass Ramallah sie zu bieten hat.

Samstagvormittag...
...h habe euch gesagt, wo ihr mich findet...
RAMALLAH
Das letzte Wochenende in Ramallah?
Wieder ein Geplänkel!
Und wieder Schockgranaten!
Heute?
ich drücke die Daumen...
Bis jetzt nichts Besonderes...
israelische Patrouillen...
Sie finden es nicht lustig in Ramallah...
Sie gehen langsam...
wenden sich nach allen Seiten...
sie tänzeln...
und drehen Pirouetten...
„Schwanensee" im Westjordanland.
An ihrer Stelle würde ich es genauso machen...
Du musst immer startbereit sein...
Aus dem Nichts kann dir ein Stein ins Gesicht fliegen...

während ich warte, macht mich ein Falafelverkäufer mit seinen wirtschaftlichen Sorgen vertraut…
SEHEN SIE DIE SOLDATEN? SEHEN SIE DIE GESCHLOSSENEN LÄDEN?
DAS GESCHÄFT LÄUFT NICHT.
DIE LEUTE AUS DEN DÖRFERN KOMMEN ZUM EINKAUFEN…
SIE SEHEN, WAS HIER LOS IST, SIE SEHEN DIE SOLDATEN UND SIE BLEIBEN WEG…
ODER SIE KAUFEN MÖGLICHST SCHNELL EIN UND GEHEN WIEDER, SIE ZIEHEN ES VOR, OHNE GEFAHR BEI DEN ISRAELIS ZU KAUFEN…
ICH HATTE SIEBEN ANGESTELLTE. UND JETZT? NUR NOCH MEINEN VATER!
Die Soldaten biegen von der Hauptstraße ab…
ein paar Minuten vergehen…
dann
aus dem Nichts!
ein junger Mann mit Megafon!
J SACCO 8·93
Er ist nicht allein!
Vorwiegend Jugendliche, Mädchen und Jungen!
Fahnen tauchen auf!
Ein Spruchband!
Sie rufen Parolen!
SCHEISSE!
DAS GIBT ÄRGER!
Mein Kumpel eilt davon, um seinen Laden zu schließen, während ich den jungen Leuten folge… heute scheint mein Glückstag zu sein…

Andere suchen das weite und ziehen ihre Kinder nach Hause ...
IMSCHI! IMSCHI!
und mir wird bewusst ...
dass es ernst werden könnte.
Was passiert, wenn wirklich etwas passiert?
Mit solchen Fragen halten sich die Demonstranten nicht auf ...
sie zünden Reifen an ...
sie stürzen Müllcontainer um ...
sie rufen Parolen, habe ich das schon gesagt?
Ich will ihnen nicht zu nah kommen ...
ich habe meiner Mutter versprochen aufzupassen ...
im übrigen zittere ich wie Espenlaub ...
ich beschließe, um den Block zu gehen und von der anderen Seite zu kommen ...
ES IST GUT FÜR DEN COMIC.
ES IST GUT FÜR DEN COMIC.
ES IST GUT FÜR DEN COMIC.
J. SACCO 8-93
Da sind wir wieder ...
Sie schwenken ihre Fahnen ...
rufen Parolen ...
und werden gefilmt!
Wer ist der Schnösel mit dem Camcorder?
Wann ist er aufgekreuzt?
Er steht da, als ginge es niemanden was an ...
als wäre es seine Intifada ...

Ich habe all die Samstage gewartet ...
Mach Platz, Kumpel!
Weicheier mit Zoomlinsen können meinen Arsch filmen ...
Die jungen Leute sind voll in Aktion ...
ein Mädchen kickt Steine aus einer Seitenstraße herüber
Steine sind Munition ...
Flaschen auch ...
nicht die Sorte Waffen, die man im Jane's nachschlagen kann ...
aber sie geben dem Heldentum in Ramallah eine proletarische Note ...
Und mein Heldentum?
Ich fürchte, mein Heldentum hat sich verabschiedet.
Es hat sich oben auf der Seite zum letzten Mal gezeigt.
Jetzt bin ich wieder der Alte ...
unauffällig in einen Ladeneingang gedrückt ...
und zitternd wie Espenlaub ...
der Lärm tut sein Übriges ...
sämtliche Automotoren laufen ...
alle wollen plötzlich weg ...
alle gleichzeitig ...
die Taxifahrer verkünden lauthals ihr Fahrtziel ...
AL-QUDS! AL-QUDS!
was kommt nun?
J. SACCO 8.93

Hier kommen die Jeeps nicht durch, die Kreuzung ist dicht…
die Müllcontainer und brennenden Reifen werden die Jeeps, die von dort kommen, nicht aufhalten, aber jetzt setzt ein Bus zurück und blockiert die Straße…
ROSE
die jungen Leute laufen mitten auf der Straße herum und warten…
Gewehrsalven!
Soldaten!
Die jungen Leute rennen los…
und schleudern Steine über den Bus…
Rat-tat-tat-tat
jetzt kommen sie zurück…
hauen ab…
Herrje, das ging schnell.
J. SACCO 8.93

Von der anderen Seite...
versucht sich ein Jeep durchzudrängeln...
scheint mir nicht ratsam!
Schon fliegen die Steine!
Der Jeep setzt zurück!
fährt wieder vorwärts!
schiebt sich durch!
die Straße gehört wieder den Israelis!
Upps!
Ich nehme alles zurück!
Das Mädel hat andere Vorstellungen...
sie lässt sich nicht unterkrieg
J. SACCO 8 93

Da kommen zwei Soldaten...
Sie überprüfen die Läden, die noch geöffnet haben, einen nach dem anderen...
Sie sind zufrieden und ziehen sich zurück...
Weiter unten in der Straße fragen Soldaten einen Jungen mit Fahrrad aus...
Einen anderen führen sie ab, er wird in den Lkw gebracht...
AL-QUDS! AL-QUDS!
Al-Quds: Jerusalem!
Also gut, das war's...
Ich will hier weg, bevor die Soldaten diese Straßenseite überprüfen...
Wie Espenlaub, sage ich euch, die ganze Scheißzeit über...
In 15 Minuten sind wir in Jerusalem...
An der Straßensperre halten sie uns nicht an...
Also, ich habe genug, mir reicht's...
Ich hatte meinen Spaß...
Ich konnte meiner Sammlung ein paar brennende Reifen und Maschinengewehrfeuer hinzufügen...
... meinem Comic-Meisterwerk.
Genug davon...

CHICAGO
ICH BIN GERADE ERST NACH PALÄSTINA ZURÜCKGEKOMMEN. ICH WAR ELF JAHRE IN DEN USA.
ICH WOHNTE IN DER WINDIGEN STADT, IN CHICAGO.
ICH BIN ZURÜCKGEKOMMEN, WEIL DIE STAATEN NICHT GUT SIND FÜR KINDER.
ICH HABE FÜNF.
MAN HAT DORT NICHT SO VIEL EINFLUSS AUF DIE ERZIEHUNG. SIE SCHNAPPEN SO VIELES AUF.
GUT, HIER SIND SIE NICHT GERADE GLÜCKLICH.
SIE VERMISSEN WOHL DAS FERNSEHEN UND DER STROM FÄLLT HIER OFT EINE GANZE WOCHE AUS.
UND SIE HABEN ANGST VOR DEN SOLDATEN.
J. SACCO 9.93
ICH NEHME SIE NICHT GERN MIT NACH RAMALLAH. MAN WEISS NIE, WAS DA PASSIERT. ICH NEHME SIE NUR IM NOTFALL MIT, ZUM ARZT BEISPIELSWEISE.
ICH WÜRDE SIE NIE MIT NACH NABLUS NEHMEN ...
WISSEN SIE, WIE WIR HIER LEBEN? WAREN SIE IN DEN LAGERN? WO DER REGEN IM WINTER IN DIE HÄUSER LÄUFT?
DIE AMERIKANER KÖNNTEN ÜBER DIE ZUSTÄNDE HIER INFORMIERT SEIN, ABER SIE HALTEN ZU DENEN, DIE DAS GELD HABEN, UND DIE PALÄSTINENSER HABEN KEIN GELD.
WARUM HABEN DIE USA WEGEN KUWAIT SO HEFTIG REAGIERT?
UND WENN SIE ZU DEN ZEHN PROZENT ODER ZU DEM EINEN PROZENT JOURNALIS TEN GEHÖREN, DIE DI WAHRHEIT ÜBER PALÄSTINA SCHREIBE WERDEN IHRE ARTIKE NICHT GEDRUCKT, WE DIE ZEITUNGEN DEN JUDEN GEHÖREN, IHNEN GEHÖRT ALLES IN AMERIKA.
DIE MANAGER UND FIRMENCHEFS IN AMERIKA SIND ALLE JUDEN.

ein Markt
eute in
ebron, die
nenstadt
st abge-
riegelt...
Die JAGD nach der STORY
Den Frauen gefällt das überhaupt nicht, sie müssen auf die andere Seite...
Eine ist besonders hartnäckig...
Sie muss rüber, verstanden?
Nein Nein Nein!
Der Soldat lässt sie nicht durch...
LASSEN SIE MICH DURCH?
WOHIN WOLLEN SIE?
ÄH... ZUM GRAB DER PATRIARCHEN...
SIE KÖNNEN DURCH, WENN SIE WOLLEN.
womit der Nutzen eines waschechten amerikanischen Akzents einmal wieder bewiesen wäre...
Jetzt will ich es wissen...
UND DIESE
EUTE DÜRFEN NICHT
RCH? ICH KOMME MIR
KOMISCH VOR, WENN
CH GEHEN KANN UND
SIE NICHT...
TUN SIE, WAS SIE WOLLEN!
Jetzt ist er misstrauisch...
WISSEN SIE DENN, WARUM DIE STRASSE GESPERRT IST?
NEIN!
...und er antwortet einsilbig...
Ja, unsere besondere Beziehung ist eindeutig beendet...
Inzwischen hat der andere Soldat genug von der Diskussion...
Er ist leicht reizbar!
Gleich geht er in die Luft!
Er reißt seine M16 hoch!
Er fuchtelt damit herum!
Und man muss weder Hebräisch noch Arabisch oder Suaheli sprechen, um ihn zu verstehen...
J. SACCO 9·93

Er will sagen: Seht ihr das?
Das!
Darum könnt ihr nicht durch!
Ich weiß, wann Rückzug angesagt ist ... Ich laufe die Straße zurück. Dann kommt ein Platz und hier darf auch niemand durch ... Es ist ein großer Platz, eine Menge Arbeit für nur zwei Soldaten ... Sobald sie sich umdrehen, versucht wieder jemand, sich durchzuschmuggeln ... Brüllend scheuchen sie die Leute zurück ...
IMSCHI! IMSCHI!
He, du da!
Du!
Ja, du!
Stell dich an die Mauer!
Zeig deinen Ausweis!
Ich habe heute kein anderes Ziel mehr, ich hänge herum und sehe zu ...
MACHEN SIE EIN FOTO? VON DEN SOLDATEN?
Ja.
WAS IST DA DRÜBEN LOS?
J. SACCO 9.93

bekomme ine Zusammenfassung, halb Englisch, halb Pantomime: Siedler haben gestern bei einem Überfall fünf Menschen angeschossen …
einer hier
einer hier
einer hier
SIE KOMMEN MIT FRAUEN UND KINDERN! FÜNF FRAUEN! ZEHN!
Diese beiden z.B. sind auf dem Weg nach Jerusalem, zu ihrem Freund im Krankenhaus, dem, der am Kopf getroffen wurde …
Wo ist ein Taxi?
Aber ich bin Journalist, ein Profi, ich brauche mehr Informationen … Na schön, der Knabe kennt jemanden, der besser Englisch spricht, hier entlang, bitte …
Ich werde mit Bassem bekannt gemacht, er schließt vorübergehend seinen Laden und bringt mich zu seinem Cousin. Ich erkläre ihm, dass ich Informationen über den gestrigen Überfall brauche, die ganze Geschichte …
Ein Kunde zuckt die Achseln
IRGENDETWAS PASSIERT IMMER. GESTERN IN HEBRON, HEUTE ANDERSWO, ABER IRGENDETWAS PASSIERT IMMER …
Bassem bringt mich ein paar Straßen weiter … in einer kleinen Werkstatt macht er mich mit Schafik bekannt, der in Hebron studiert …
Also, sitzt ihr alle bequem? Wie war das mit dem gestrigen Überfall?
ICH KAM NACH HAUSE. ICH SAH ZWEI AUTOS MIT DEN VERLETZTEN. DIE SOLDATEN KAMEN ZWEI ODER DREI STUNDEN SPÄTER UND VERHÄNGTEN EINE AUSGANGSSPERRE …
Junge Männer und Kinder aus der Nachbarschaft strömen in Scharen herbei … Ich sage euch, mit manchen meiner Interviews könnte ich ein Stadion füllen, mit Teekonzessionen ein Vermögen machen …
Das war's? Aber das sind Infos aus zweiter Hand … er hat Schüsse gehört, aber keine Schießerei gesehen …

Offenbar komme ich mit meiner Story nicht weiter … die Unterhaltung schweift vom Überfall zur Besatzung im Allgemeinen, zu den Friedensaussichten ab …
ICH MÖCHTE FRIEDEN, ABER ICH GLAUBE NICHT DARAN … WENN ISRAEL VON FRIEDEN SPRICHT, DANN NUR, WEIL AMERIKA DRUCK MACHT … UND WEGEN DER IRAKISCHEN RAKETEN!
SIE MEINEN IM GOLFKRIEG? DIE SCUD-RAKETEN?
NEIN! DAS WAREN KEINE SCUDS! DAS WAREN AL-HUSSEIN-RAKETEN, MADE IN IRAQ!!
Okay, okay, made in Iraq!
WIR WAREN FROH, DASS DIE ISRAELIS MIT RAKETEN VERNICHTET WURDEN … WIR WAREN AUF DEN DÄCHERN UND RIEFEN: „ALLAH AKBAR!“ MEIN NACHBAR HIER WURDE VERPRÜGELT, WEIL ER DIE RAKETEN BEJUBELT HAT! SIE VERPRÜGELTEN AUCH SEINE BRÜDER, OBWOHL DIE GAR NICHT AUF DEM DACH WAREN …
WIR WOLLEN NICHT, DASS JEMAND GETÖTET WIRD, ABER DIE JUDEN TÖTEN UNS UND DIE RAKETEN TÖTEN DIE JUDEN, UND DAS FREUT UNS!
O Gott! Die Typen könnten einen guten PR-Mann gebrauchen
Es ist schließlich der Schmus mit der anderen Wange, bei dem beim Kaffeekränzchen die Taschentücher gezückt werden …
Aber ich höre diese Töne nicht zum ersten Mal … in Beit Sahour sagte mir eine Frau, sie sei froh über die Raketenangriffe und über Saddam Husseins Ankündigung, Palästina zu befreien. „Wenn man ertrinkt“, sagte sie, „klammert man sich an alles, um nicht unterzugehen, selbst an das kleinste Stück Holz.“
Und was Schafik betrifft …
ICH STEHE GANZ AUF DER SEITE DES IRAK. SADDAM HUSSEIN IST UNSERE LETZTE HOFFNUNG. ER VERSUCHT JETZT, SEINE MACHT, SEINE ARMEE WIEDER AUFZUBAUEN.
J. SACCO 9.93
Zeit, das Ruder wieder umzulegen … Ich will etwas über Hebron hören … Tausende von Juden haben sich seit den 70ern in der Umgebung angesiedelt, manche gezwungenermaßen im Herzen der Stadt … Gibt es *irgendeine* Beziehung zwischen Juden und Palästinensern in Hebron?
ES GIBT KEINE BEZIEHUNG, NUR FEINDSELIGKEIT! SIE HASSEN SICH GEGENSEITIG!
Damit ist *diese* Frage beantwortet! Und man wird hier sicher keinen palästinensischen Lippenstift am Kragen eines Siedlers finden! Oder umgekehrt! In dieser Stadt heißt es Auge um Auge …
März '79: Zwei palästinensische Jugendliche werden getötet.
Januar '80: Ein Jeschiwaschüler im Militärdienst wird erschossen.
Mai '80: Sechs Jeschiwaschüler werden, vom Beten kommend, erschossen.
November '81: Nachdem ein Jude erstochen wurde, werden drei palästinensische Kinder erschossen.
März '82: Zwei Palästinenser werden getötet, sieben schwer verletzt.
Oktober '82: Zwei palästinensische Kinder werden bei einem Granatenangriff verletzt.
Juli '83: Ein Jeschiwaschüler wird getötet; bei einem Angriff auf eine islamische Schule mit Maschinengewehren und Granaten werden drei palästinensische Schüler getötet.
Das Muster ist klar, die Liste lässt sich fortsetzen … aber lassen wir das jetzt, das Essen kommt auf den Tisch!

Wir gehen in einen anderen Raum, und auf dem Speiseplan stehen: Fladenbrot, Brühe, Tomaten, Sardinen, Spiegeleier, etwas Blättriges in Joghurtsoße…
HABEN SIE ISRAELISCHE FREUNDE?
NEIN.
ICH HABE GESCHÄFTLICH MIT EINIGEN ISRAELIS ZU TUN. ICH KAUFE MATERIALIEN ZUR VERARBEITUNG IN PALÄSTINENSISCHEN FABRIKEN VON IHNEN.
WIE KOMMEN SIE MIT IHNEN AUS?
WIR BEGEGNEN UNS MIT RESPEKT.
Endlich! Und diesem zweideutigen Mist bin ich lange genug nachgejagt!
ALSO, ICH KANN MIR EIN ZUSAMMENLEBEN VON JUDEN UND ARABERN NICHT VORSTELLEN…
ABER DER KORAN LEHRT UNS, ALLE MENSCHEN, AUCH JUDEN UND CHRISTEN, ZU ACHTEN…
ES GIBT NUR EINEN GOTT…
Du sagst es! „We are the world, la la la la“
Wir sind ertig mit ssen und ein paar achbarn kommen orbei, um nich unter die Lupe zu nehmen…
Ich fange an, Fragen zu stellen, werde aber sofort unterbrochen…
ENTSCHULDIGEN SIE, WENN WIR NICHT FREI REDEN, ABER DIE ISRAELIS SCHICKEN MANCHMAL ALS AUSLÄNDER ODER JOURNALISTEN GETARNTE LEUTE HIERHER UND DANN FOLGEN DIE VERHAFTUNGEN.
ALSO, ICH WERDE FREI REDEN!
In diesem Augenblick klopft es an der Tür…
Jemand kommt herein und verkündet etwas…
EINE GUTE NACHRICHT…
UNSER COUSIN WIRD WIEDER GESUND…
DIE KUGEL IST NICHT IN SEIN GEHIRN GEDRUNGEN…
ABER BEI DEM MANN, DER AM HINTERN GETROFFEN WURDE, GIBT ES VIELLEICHT KOMPLIKATIONEN…
Ah, wir sind wieder beim gestrigen Überfall…
Und es stellt sich heraus, dass es hier einen Augenzeugen gibt. Er ist bereit zu reden … Ich bekomme meine Story doch noch…
SIE KAMEN ZU FUSS ÜBER DIE FELDER…

Sieben Verletzte bei Schießerei in Hebron

Gestern Nachmittag wurden bei einem Zwischenfall drei Bewohner von Kirjat Arba leicht sowie vier Araber aus Hebron schwer, ernsthaft und leicht verletzt.

Eine Gruppe jüdischer Familien, Mit-glieder des der Kach-Partei nahestehenden Komitees für Sicherheit auf den Straßen, wurden von mehreren hundert Arabern angegriffen, als sie auf dem Hügel Harat asch-Scheich in Hebron patrouillierten. Sie wurden ihren Angaben zufolge von Dächern und aus Seitenstraßen mit Steinen und Flaschen beworfen.

Zwei Kinder und eine Frau wurden verletzt. Um ihren Rückzug zu decken, feuerten die Siedler in die Luft, und als das nichts fruchtete, schossen sie auf die Beine der Steinewerfer.

Gestern abend wurden vier verletzte Araber ins Mokassad-Krankenhaus in Ostjerusalem eingeliefert. Ein Mann mit einem Bauchschuss befindet sich den Angaben des Krankenhauses zufolge in kritischem Zustand. Zwei Männer wurden durch Schüsse in den Kopf bzw. in die Brust schwer verletzt, einer erlitt leichte Verletzungen am Bein.

Die IDF legte der Polizei in Hebron, die eine Untersuchung eingeleitet hat, einen Bericht über die Ereignisse vor. Das Komitee für Sicherheit auf den Straßen erklärt, dass es weiterhin die Straßen der arabischen Viertel kontrollieren wird, die von Juden bisher eher gemieden wurden.

Am Freitag hatten etwa 150 Siedler aus Kirjat Arba und Hebron die Straße nach Kirjat Arba im Tark-Viertel von Hebron blockiert. Sie behaupten, dass hier Pkws und Busse ständig mit Steinen beworfen werden. Soldaten der IDF konnten die Siedler nach zwei Stunden überreden, die Straße freizugeben. (Itim)

n habe um 11 Uhr einen
ermin ... will mich über die
palästinensische Frauenbe-
wegung informieren. Man
entschuldigt sich, ich muss
noch warten. Im Nachbar-
zimmer ist eine laute
Debatte in Gang ...
FRAUEN
sie dauert zehn Minuten ...
dann kommt ein junges Mädchen mit seiner Mutter heraus ...
Jetzt bin ich an der Reihe ...
Ich werde von zwei Funktionä-rinnen der Palestinian Federation of Women's Action Committees empfangen ...
Sie klären mich auf ...
Das Mädchen, das gerade da war, ist 15 Jahre, ihre zweite Ehe ist gescheitert ... Sie hat ein Kind aus erster Ehe, damals war sie 14 und wusste nicht, welche Verantwortung eine eigene Familie mit sich bringt ... Beim ersten Zeichen von Problemen: Scheidung!
Zwei Monate später heiratete sie wieder, Ehemann Nummer zwei schlug sie, er schickte sie zum Teekaufen, aber sie weigerte sich, weil draußen Soldaten waren, und er schüttete heißes Wasser über sie ...
Sie flüchteten zu ihrer Mutter nach Nablus, ließ ihren Goldschmuck und die Möbel beim Gatten Nummer zwei in Hebron zurück ...
Er will, dass sie auf die Sachen verzichtet und keine finanziellen Ansprüche stellt ... Sie kennt die rechtliche Lage nicht und wollte sich hier Rat holen ...
J. SACCO 10·93

WIR RIETEN IHR, NICHTS ZU UNTERSCHREIBEN... UND ER MUSS UNTERHALT ZAHLEN. SO STEHT ES IM EHEVERTRAG...
Der Verband, erzählt sie, hat eine Anwältin, die sie, wenn nötig, vor Gericht vertritt...
AUSSERDEM SCHICKEN WIR SIE ZU EINEM ZENTRUM FÜR ERWACHSENENBILDUNG IN NABLUS UND VERHELFEN IHR ZU EINER BERUFSAUSBILDUNG ...
SIE MUSS LERNEN, AUF EIGENEN FÜSSEN ZU STEHEN...
Vielleicht schafft es das Mädchen, lernt eigenständig zu sein, wird zu einer kleinen Erfolgsgeschichte im allgegenwärtigen Kampf der Frauen hier...
oder auch nicht...
WIR SIND EINE ARABISCHE GESELLSCHAFT DES NAHEN OSTENS. HIER GIBT ES ROLLENKLISCHEES, EIN ÜBERKOMMENES FRAUENBILD, DAS WIR ÄNDERN MÖCHTEN, ABER WIR HABEN MIT WIDERSTÄNDEN VON MÄNNERN UND FRAUEN ZU KÄMPFEN... MANCHE FRAUEN WEHREN SICH GEGEN VERÄNDERUNGEN...
Mit übergreifenden Programmen soll das Bewusstsein der Frauen für ihre wirtschaftliche und rechtliche Situation geweckt werden, aber Muna zufolge, die für den palästinensischen Frauenverband arbeitet, werden „die Privilegierten, die Gebildeten, die in den Städten wohnen, von der Frauenbewegung beeinflusst..."
„Aber in den Dörfern sieht es anders aus. Sie ordnen sich den Männern immer noch unter. Sie glauben, ich spreche eine fremde Sprache, wenn ich ihnen sage, dass sie die gleichen Rechte haben wie Männer... Manchmal redet man wie gegen eine Wand..."
J. SACCO 10.93
Rita, die für eine Menschenrechtsorganisation arbeitet, ist optimistischer. Langsam, aber sicher, sagt sie, fangen die Frauen an, in der Familie Entscheidungen zu treffen, und wenn sie arbeiten, behalten sie ihren Lohn eher für sich...

ie sagt, im lam – und die oße Mehrzahl er palästinen- schen Frauen nd Musliminnen – haben die rauen ein Recht uf Besitz, und nan kann das islamische Recht zugun- sten der Frauen auslegen … z.B. sind im Islam Eheverträge vorgesehen …
„Bei der Eheschließung kann die Frau ihrem Mann Bedingungen stellen, und wenn er diese nicht erfüllt, kann sie die Scheidung verlangen … Sie kann fest- legen, dass es ein Scheidungs- grund ist, wenn er eine zweite Frau nimmt oder wenn er ihr verbietet zu arbeiten oder wenn er ins Ausland geht …"
Polygamie, sagt sie, kann unterlaufen werden, wenn man das islamische Recht streng auslegt, das besagt, dass ein Mann alle seine Frauen gleich behandeln muss – was ein Ding der Unmöglichkeit ist …
Theoretisch bietet der Islam den Frauen also die Möglichkeit, ihre Rechte durchzusetzen …
ABER IN DER PRAXIS IST ES SCHWIERIG …
Damit sind wir wieder bei dem Punkt, dass das politische Selbstbewusstsein der Frauen in einem bestimmten kulturellen und religiösen Umfeld gestärkt werden muss …
Rita sieht den langsamen Fortschritt gesellschaftlicher Veränderungen philosophisch …
SEHEN SIE, ICH BIN KATHOLISCH … VOR DREI JAHREN TRAT ICH VEHEMENT FÜR WELTLICHE GESETZE ZUM SCHUTZ DER FRAUEN EIN UND ICH HABE MEINE MEINUNG NICHT GEÄNDERT, ABER IM MOMENT IST DIESES ZIEL NICHT ZU ERREICHEN …
Muna, eine nicht praktizierende Muslimin, ist eher skeptisch, was die Förderung der Frauenrechte betrifft … sie sieht hier unvereinbare Differenzen ….
WIR HABEN EIN RIESENPROBLEM MIT MISSHANDELTEN FRAUEN … DER KORAN ERLAUBT EINEM MANN, SEINE FRAU ZU SCHLAGEN … FRAUEN LERNEN HIER VON KLEIN AUF, DASS ER SIE SCHLAGEN DARF, SELBST CHRISTINNEN … ES GEHÖRT ZUR ARABISCHEN KULTUR … DIE FRAUEN BEKLAGEN SICH NICHT, SIE EMPFINDEN ES NICHT ALS MISSHANDLUNG … UND DAS IST NICHT NUR BEI DEN ARMEN SO …
MÄNNER ERZIEHEN? WIR SCHAFFEN ES NICHT EINMAL, DIE FRAUEN ZU ERZIEHEN!
J. SACCO 10·93

„Wir diskutieren über Häuser für misshandelte Frauen, aber man kann eine Frau hier nicht einfach aus ihrer Wohnung holen … Rebellion ist dieser Kultur fremd … Selbst liberale Männer würden sich dagegen wehren … Das Paar muss alles versuchen, sich auszusöhnen, das ist die Sicht des Mannes …“
Solche Fragen müssen die Feministinnen klären, aber die verschiedenen Frauengruppen ordnen sich der einen oder anderen PLO-Fraktion zu und sind politisch gespalten …
„Wir streiten über politiscl Ziele. Wir arbe ten in sozialen Belangen nicht zusammen. Wir haben keine gemeinsame Grundlage. Wir beharren nicht auf der Einhaltung der PLO-Verfassung, die den Frauen die gleichen Rechte zuspricht wie den Männern … wir haben keinen eindeutigen feministischen Standpunkt …“
Alle Feministinnen, die ich traf, betonten die Notwendigkeit, für ihre Ansichten einzutreten und gleichzeitig Widerstand gegen die Besatzung zu leisten …
Und obwohl die revolutionäre Stimmung die Debatten um soziale Veränderungen fördert, macht sich niemand Illusionen darüber, wo die Frauenbewegung im gesamtpolitischen Kontext steht …
Die Feministinnen hier haben aus der algerischen Revolution gelernt, wo die Frauen an der Seite der Männer kämpften, aber kaum, dass die Franzosen besiegt waren, wurden sie wieder in ihre alten Rollen gezwungen …
WIRD WIEDER ALLES WIE GEHABT, WENN WIR EINEN EIGENEN STAAT BEKOMMEN, ODER GIBT ES VERÄNDERUNGEN? WIRD DIE FRAUENFRAGE NEBEN DER WIRTSCHAFTLICHEN ENTWICKLUNG IN DEN HINTERGRUND GEDRÄNGT WERDEN?
WIR SIND MIT DER NATIONALBEWEGUNG VERBUNDEN …
WENN DIE NATIONALBEWEGUNG RÜCKSCHLÄGE ERLEIDET, WERDEN WIR AM HÄRTESTEN GETROFFEN …
DIE INTIFADA IST NICHT VORBEI … ABER DIE LEUTE DENKEN: „WAS GEHEN UNS DIE FRAUEN AN, WENN WIR PALÄSTINA VERLIEREN?“
J. SACCO 10.93

Es ist nett, mit Feministinnen zu plaudern. Wir haben alle unseren Universitätsabschluss, sind auf derselben Wellenlänge. Wir könnten manchmal gegenseitig unsere Sätze vollenden...
HIDSCHAB
Was ich nicht verstehe, sind die Frauen auf der Straße, ich meine die Musliminnen, die den Hidschab tragen, das Kopftuch und Kleider, die alles verhüllen außer Gesicht und Händen...
Ich bin aus dem Westen, seien wir realistisch, ich habe jede Menge Bein gesehen, dazu orangefarbenes Haar und andere Modeerscheinungen ... aber *diese* Aufmachung ist undefinierbar, ich nehme die meisten Frauen, die sie tragen, überhaupt nicht wahr, sie sind nur Schatten für mich, Schemen wie Tauben auf dem Bürgersteig...
J. SACCO 11.93
Stellt euch also meine Überraschung vor – ich sitze in einem Taxi nach Nablus – als sich eine dieser Tauben zu mir umdreht und...
WOHER SIND SIE? WAREN SIE SCHON EINMAL IN PALÄSTINA? IN NABLUS? NABLUS IST DIE GRÖSSTE STADT IM WESTJORDANLAND- BLAH BLAH BLAH...
Einfach so! Das ist kein Witz! In perfektem Englisch! Wie aus dem Lehrbuch!
Ich war sprachlos, wie versteinert, ich meine, ich wusste nicht, dass solche Lebensformen ein Gespräch anfangen können...
Vielleicht war das Kopftuch eher mein Problem als ihres ... aber so einfach ist es nicht, es *gibt* hier Diskussionen um den Hidschab, die ein scharfes Licht auf die Beziehung zwischen Intifada, Islam und den Frauen werfen...
BEDFORD

Munas Bericht zufolge plädierte die Vereinigte Nationale Führung – in der alle wichtigen PLO-Fraktionen vertreten waren – zu Anfang der Aufstände für traditionelle Kleidung als Zeichen palästinensischer Identität…
Dann forderte Hamas, die extremistische Gruppierung, die sich von der weltlich orientierte PLO abgespalten hat, das obligatorische Trager des Hidschab. Anhänger der Hamas begannen Frauen, die ohne Kopfbedeckung auf die Straße gingen, zu bedrohen und sogar zu schlagen…
Im Dezember '90 wurde auf einer bis dato einmaligen Konferenz zur gesellschaftlichen Situation palästinensischer Frauen beschlossen, Frauen müssten selbst entscheiden können, ob sie den Hidschab tragen oder nicht … die Vereinigte Nationale Führung trumpfte mit einer Broschüre auf, in der Männer, die eine Frau attackierten, weil sie keinen Hidschab trug, als Verräter bezeichnet wurden…
Jedenfalls habe ich in der Woche im Gazastreifen, wo die Hamas besonders einflussreich ist, keine einzige Frau über 15 ohne Kopfbedeckung auf der Straße gesehen…
Was sagt mir das? Dass die Hamas sie dazu zwingt?
Ich rede mit ein paar Frauen aus Gaza, um mich besser zu informieren … Die ersten beiden, 19 und 20 Jahre alt, die in der Nähe des Flüchtlingslagers Dschabalia leben, sagen, sie tragen den Hidschab, seit sie etwa 13 sind…
WIR GLAUBEN, DASS WIR ES MÜSSEN. NACH SECHS JAHREN IST ES FÜR MICH ZUR SELBSTVERSTÄNDLICHKEIT GEWORDEN…
ES STEHT IM KORAN.
Hier wäre zu sagen, dass die Interpretation der entsprechenden Koranpassagen bei muslimischen Feministinnen umstritten ist…
J. SACCO 11-93

Aber was ist mit der Hamas?
ICH HABE IHN SCHON GETRAGEN, BEVOR ES DIE HAMAS GAB. ICH KENNE KEINE, DIE VON DER HAMAS UNTER DRUCK GESETZT WURDE, ABER EINIGE WURDEN VON IHREN ELTERN GEZWUNGEN...
EINIGE MEINER FREUNDINNEN TRAGEN IHN NICHT. ICH HABE MIT DREIEN, DIE IHN NICHT TRUGEN, DARÜBER GESPROCHEN UND SIE TRAGEN IHN JETZT...
Beide plädieren jedoch dafür, dass die Frauen selbst entscheiden dürfen, ob sie den Hidschab tragen...
In Dschabalia erzählen mir einige Frauen, dass sie keine kennen, die von der Hamas gezwungen wurde, den Hidschab zu tragen...
DER KORAN SCHREIBT ES UNS VOR. ICH WAR 16, ALS ICH ANFING, IHN ZU TRAGEN.
MEINE ZEIT AN DER ISLAMISCHEN UNIVERSITÄT, WO DAS TRAGEN DES HIDSCHAB VORSCHRIFT IST, HAT MICH VON DER NOTWENDIGKEIT ÜBERZEUGT...
FRAUEN TRAGEN IHN AUS RELIGIÖSEN ODER POLITISCHEN GRÜNDEN ODER WEGEN DES GESELLSCHAFTLICHEN DRUCKS. ABER ICH SEHE ES ALS ETWAS POSITIVES, ES IST EINE MÖGLICHKEIT, SICH RESPEKT ZU VERSCHAFFEN...
ine der Frauen scheint sich über meine ragerei zu ärgern, wer bin ich denn, meint ie wohl, mich hier in meiner westlichen, gönnerhaften Art so aufzublasen?
NATÜRLICH GIBT ES DIE MÄNNLICHE UNTERDRÜCKUNG DER FRAUEN UND DAS MUSS SICH ÄNDERN...
ABER DER KAMPF FÜR DIE RECHTE DER FRAUEN SCHLIESST DIE STRENGE AUSLEGUNG DES KORANS NICHT AUS...
Eine Frau Anfang 20 erzählt mir in einem Büro in Gaza, dass sie den Hidschab trägt, seit sie 16 ist...
ICH TRAGE IHN AUS RELIGIÖSEN GRÜNDEN... AUSSERDEM HILFT ES MIR, PROBLEME ZU VERMEIDEN... MEINE FAMILIE IST STRENG GLÄUBIG...
ICH MÖCHTE KEINE SPANNUNGEN MIT MEINER FAMILIE HABEN, VOR ALLEM NICHT MIT MEINEM VATER...
J. SACCO 11-93

Und die Hamas?
DIE HAMAS BENUTZT DIE INTIFADA, UM IHRE ZIELE DURCHZU-SETZEN. SIE WILL DIE FRAUEN ZWIN-GEN, DEN HIDSCHAB ZU TRAGEN…
„Einmal war ich einkaufen in der Omar-el-Mukhtar-Straße. Vor dem Krankenhaus sah ich eine Ärztin am Steuer eines Wagens. Sie trug keinen Hidschab. Drei oder vier Jugend-liche bewar-fen ihr Auto mit Steinen und verletz-ten sie, sie blutete…"
BEDECK DEIN HAAR!
BEDECK DEIN HAAR!
WAS TUT IHR DA? SIE IST CHRISTIN!
Zu Beginn der Intifada truge palästinensisc Christinnen in Gaza oft den Hidschab, um si zu schützen, sa sie, „aber heute eher nicht meh Sie sagt, die gewalttätigen Übergriffe gegen Frauen haben abgenommen…
TOP-COLA
Zwei sorgfältig geschminkte attraktive junge Frauen im gleichen Büro wider-sprechen dem Bild, das ich bisher in Gaza gewonnen habe…
WIE ICH SEHE, TRAGEN SIE KEINEN HIDSCHAB
AUF DER STRASSE TRAGEN WIR IHN.
Fühlen sie sich also da-zu ver-pflich-tet?
Aber nein! Ich habe alles falsch verstanden! Im Gegen-teil -
ICH WÜRDE GERN SO STARK GLAU-BEN, DASS ICH DEN HIDSCHAB IMMER TRAGE…
Höre ich recht?
NICHT NUR AUF DER STRASSE… IC WÄRE GERN WIRKLICH DAVON ÜBER ZEUGT…
Ich sage euch, das haut mich von den Socken, und ich sehe die Kluft zwi-schen uns…
Mir wird klar, dass ich verges-sen habe, was es heißt, zu glauben…
Ich meine, ich habe vergessen, was es heißt, glauben zu wollen…

WIR MÄNNER UNTER UNS
Eines Morgens bei einem Blinden in Dschabalia …
ENT-SCHULDIGT, DASS ES HEUTE MORGEN KEINEN TEE GIBT …
ICH HABE NICHT EINMAL EIN FRÜHSTÜCK BEKOMMEN …
EINE MEINER FRAUEN IST KRANK, DIE ANDERE BESUCHT IHRE ELTERN …
ICH WERDE WOHL GEHEN UND MIR EINE DRITTE FRAU SUCHEN MÜSSEN.
HAHAHAHAHAHAHAHAHA
WENN DU SIE IN DER NÄCHSTEN STUNDE HEIRATEST, KRIEGST DU VIELLEICHT NOCH EIN MITTAGESSEN.
J. SACCO 11 '93
HAHAHAHAHAHAHAHAHAHAHAHA

SECHSTER TEIL

Die schwärzesten Löcher der Welt sind bekannt und jeder kann sie besichtigen …
Zum Beispiel könnt ihr eine Tour durch ein palästinensisches Flüchtlingslager im Gazastreifen machen …
Ein Anruf bei der UNRWA, dem UN-Hilfswerk für die Palästinaflüchtlinge, Tel. 051-861195, genügt.
Sie registrieren euch
fahren euch selbst hin.
Der Eintritt ist frei.
LAGERLAND
e werden versuchen, euch zu einer schwedischen oder japanischen Gruppe zu packen …
aber für euch soll der Ausflug ins Lagerland ein ganz persönliches Erlebnis sein …
besteht darauf, dass sie nur mit euch fahren.
Sagt ihnen, ihr wollt Fotos machen, sagt ihnen, ihr wollt mit Flüchtlingen sprechen.
Wenn sie anhalten sollen, sagt es ihnen …
J. SACCO

J. SACCO 12.93

J. SACCO 12.93

...und wenn ihr sie nicht bittet anzuhalten, werden sie es trotzdem bei dem orange-weißen Turm tun, der sich vom Standort der israelischen Verteidigungs-armee erhebt und unermüd lich über das Flüchtlings-lager Dschabalia wacht...
...weil sie euch noch etwas anderes zu zeigen ha-ben, sie wollen eu-ren UNRWA-Ausflug mit einem optimis-tischen Ausblick beschließen, Dschabalia hat ja nicht nur offene Abwässer und allwissende IDF-Türme zu bieten, wisst ihr...
...sie werden euch zu dem Reha-zentrum bringen, in dem taube Kinder sprechen lernen ... die Klasse wird für euch eine Pause ein-legen, und die Lehrerin wird den Vorzeige-schüler für euch antraben lassen... er ist stocktaub, aber er kann von den Lippen lesen...
FUQ.
FUQ!
J. SACCO 12·93
Er wird es auch an die Tafel schrei-ben...
فوق
Na bitte!
Große Klasse!
Es gibt Fort-schritte!

RÄUME
Das ist das Mittelmeer bei Sturm.
Die Türme gehören zum Palästinensergefängnis Ansar II
J. SACCO 12·93
Flüchtlingslager Nusseirat, Block 2
Es hat geregnet.
Einmal, als ich mir mit Schaudern die Lebensbedingungen in Balata im Westjordanland ansah, sagte jemand zu mir: „Wenn du das schlimm findest, solltest du erst einmal Gaza sehen.“
Also sah ich mir Gaza an … na ja, ich machte die UNRWA-Tour, rein und raus in zwei Stunden.
Und ich lernte Gaza in Zahlen kennen … 360 Quadratkilometer (habe ich gelesen), 750.000 Palästinenser, eines der am dichtesten besiedelten Gebiete der Erde … 70 Prozent als Flüchtlinge registriert … fast 300.000 in acht von der UNRWA verwalteten Flüchtlingslagern (wie diesem) … Pro-Kopf-Einkommen von 1700 $, neunmal weniger als in Israel … 40 Prozent Arbeitslose … und ich preschte immer so weiter durch Dutzende hiervon und Millionen davon …

Diesmal bin ich zu Besuch bei Larry, einem Amerikaner, der in Gaza Englisch unterrichtet ...
Wir hatten ein angenehmes Mittagessen in seiner Wohnung, es gab Linsen-suppe, dann tranken wir Nescafé und brachten unsere jeweiligen Theorien vor ... ihr kennt Gespräche dieser Art, die herrlich mühelos von diesem zu jenem plätschern ... vom Wesen Gottes über den Zustand der amerikanischen Linken bis zum Zionismus, was immer ... Er schlug den Koran auf, ich zitierte Orwell und begeistert riefen wir uns Chomsky in Erinnerung, den wir beide gelesen hatten ...
Aber jetzt waten wir im Schlamm.
Er sagt, er hat Freunde dort drüben, nur ein paar Pfützen weiter.
J. SACCO 12-93
Eine Tür geht auf ...
Man kommt an ein Haus, man tritt durch die Tür ein und erwartet eine Diele oder ein Zimmer ...
Aber nichts davon hier, kein Dach, nicht einmal ein Boden, nur Sand ...

Begrüßungen, dann sitzen wir in einem seitlichen Raum ...
Es ist kalt, sechs oder sieben Männer sind anwesend, der Tee kommt ...
Die Kälte, die Männer, der Tee ...
Das ist die Quintessenz des palästinensischen Raums ... Dieser Raum ist mit jedem anderen, in dem ich in Palästina gesessen habe, austauschbar ...
Das Sofa ist allerdings neu, sagen sie, es wurde heute geliefert ...
Jemand fragt, was ich hier will ...
Ich sage, ich will ihr Leben unter der Besatzung kennen lernen ...
ER SAGT, DU HÄTTEST GESTERN HIER SEIN SOLLEN, ALS DIE SOLDATEN DIE SCHULE DICHTMACHTEN ...
Diese Räume ...
nicht einmal die Gespräche ändern sich ...
Die Soldaten schließen die Schule, die Soldaten verhängen eine Ausgangssperre ...
Die Soldaten schlugen mich auf den Kopf, die Soldaten nahmen mich mit ...
Immer wieder dieselben Geschichten, nur die Wunden variieren manchmal.
Wer sind diese Leute überhaupt?
Sie wurden mir vorgestellt, aber ich erinnere mich an keinen Namen.
Und wo bin ich?
Lager Nusseirat.
Nu-sei-rat?
Nuss-ei ratt?

Jemand zeigt mir seine Arbeitserlaubnis für Israel, er hat sie manipuliert, seht ihr? Er hat sie verlängert, indem er eine Null weggekratzt hat. „Das tut er, weil er arbeiten muss“, erklärt jemand, „es dauert ewig, bis ihm die Israelis neue Papiere ausstellen“ … Nusseirat im Gazastreifen, 40 Prozent Arbeitslose, ein Job in Israel ist begehrt, auch wenn
der durchschnittliche Tageslohn für palästinensische Arbeiter nur 20 $ beträgt, auch wenn die Fahrt zur Arbeitsstelle über die Hälfte davon verschlingt, auch wenn man täglich mehrere Stunden nach Tel Aviv und zurück unterwegs ist … er hier hat auch Glück, er arbeitet, er unterrichtet in der Nähe, in Chan Junis … wie heißt er doch gleich? Masud? Masud. Masud, der Lehrer
in Chan Junis … Er erzählt mir, warum sie gestern die Schule, zwei Schulen, in Nusseirat geschlossen haben. Was war los? „Die Soldaten“, sagt er, „kommen an zwei Dienstagen hintereinander und parken bei der Schule. Das ist eine Provokation und jemand wirft einen Stein. Die Soldaten stürmen mit Tränengas rein und schießen mit Gummigeschossen und scharfer Munition.“ Einmal, sagt Masud, wurde an
seiner Schule ein achtjähriger Schüler durch ein Gummigeschoss getötet, es drang in den Kopf des Jungen … Der Gazastreifen, hier kommen viele Kinder ums Leben … '89 zum Beispiel waren von 3779 Todesopfer 1506 Kinder unter 15 Jahren, 33 waren fünf Jahre und jünger … aber Masud wirkt nicht allzu verbittert. Hat er denn Hoffnung auf

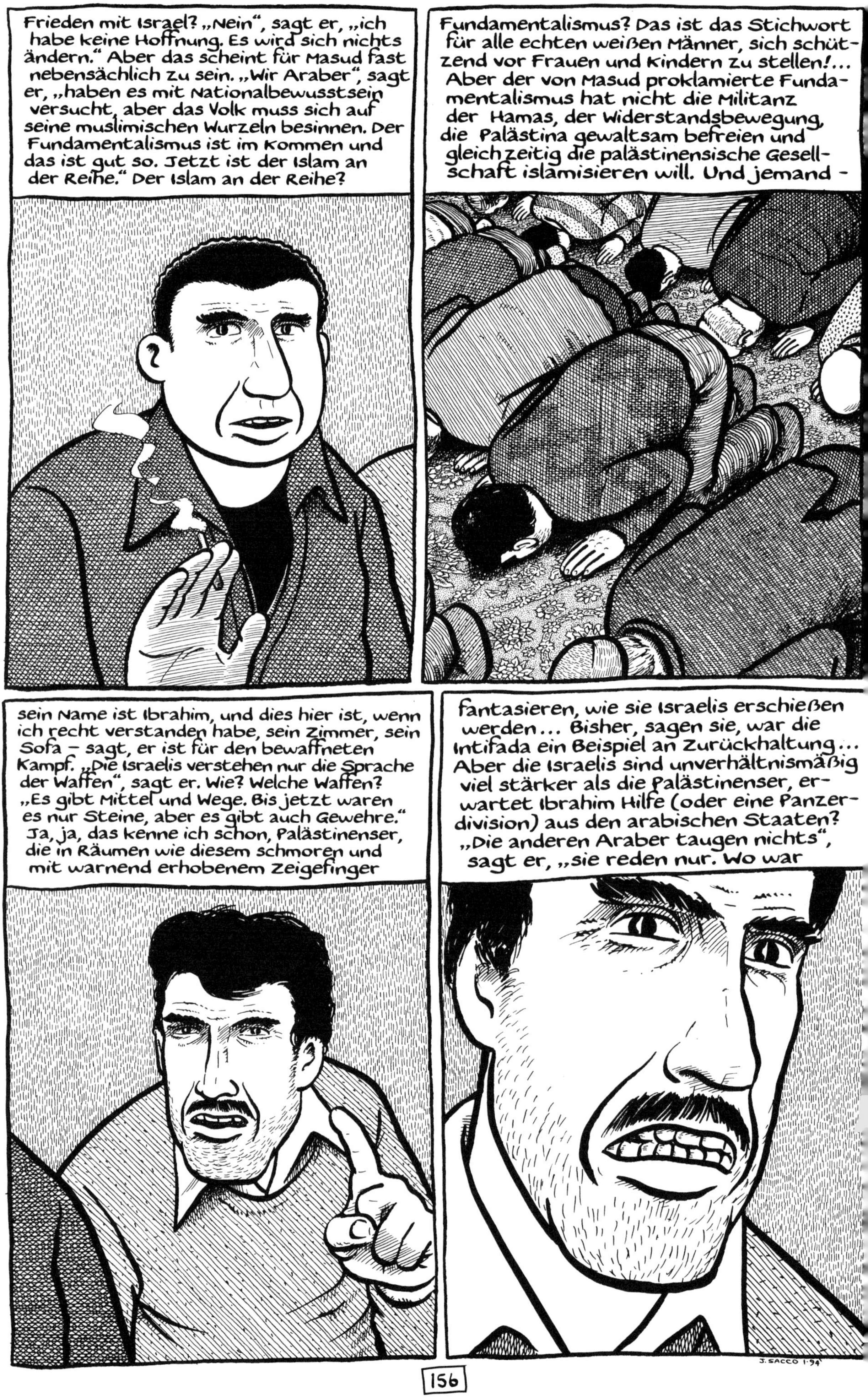
Frieden mit Israel? „Nein", sagt er, „ich habe keine Hoffnung. Es wird sich nichts ändern." Aber das scheint für Masud fast nebensächlich zu sein. „Wir Araber", sagt er, „haben es mit Nationalbewusstsein versucht, aber das Volk muss sich auf seine muslimischen Wurzeln besinnen. Der Fundamentalismus ist im Kommen und das ist gut so. Jetzt ist der Islam an der Reihe." Der Islam an der Reihe?
Fundamentalismus? Das ist das Stichwort für alle echten weißen Männer, sich schützend vor Frauen und Kindern zu stellen!... Aber der von Masud proklamierte Fundamentalismus hat nicht die Militanz der Hamas, der Widerstandsbewegung, die Palästina gewaltsam befreien und gleichzeitig die palästinensische Gesellschaft islamisieren will. Und jemand -
sein Name ist Ibrahim, und dies hier ist, wenn ich recht verstanden habe, sein Zimmer, sein Sofa - sagt, er ist für den bewaffneten Kampf. „Die Israelis verstehen nur die Sprache der Waffen", sagt er. Wie? Welche Waffen? „Es gibt Mittel und Wege. Bis jetzt waren es nur Steine, aber es gibt auch Gewehre." Ja, ja, das kenne ich schon, Palästinenser, die in Räumen wie diesem schmoren und mit warnend erhobenem Zeigefinger
fantasieren, wie sie Israelis erschießen werden... Bisher, sagen sie, war die Intifada ein Beispiel an Zurückhaltung... Aber die Israelis sind unverhältnismäßig viel stärker als die Palästinenser, erwartet Ibrahim Hilfe (oder eine Panzerdivision) aus den arabischen Staaten? „Die anderen Araber taugen nichts", sagt er, „sie reden nur. Wo war
J. SACCO 1·94

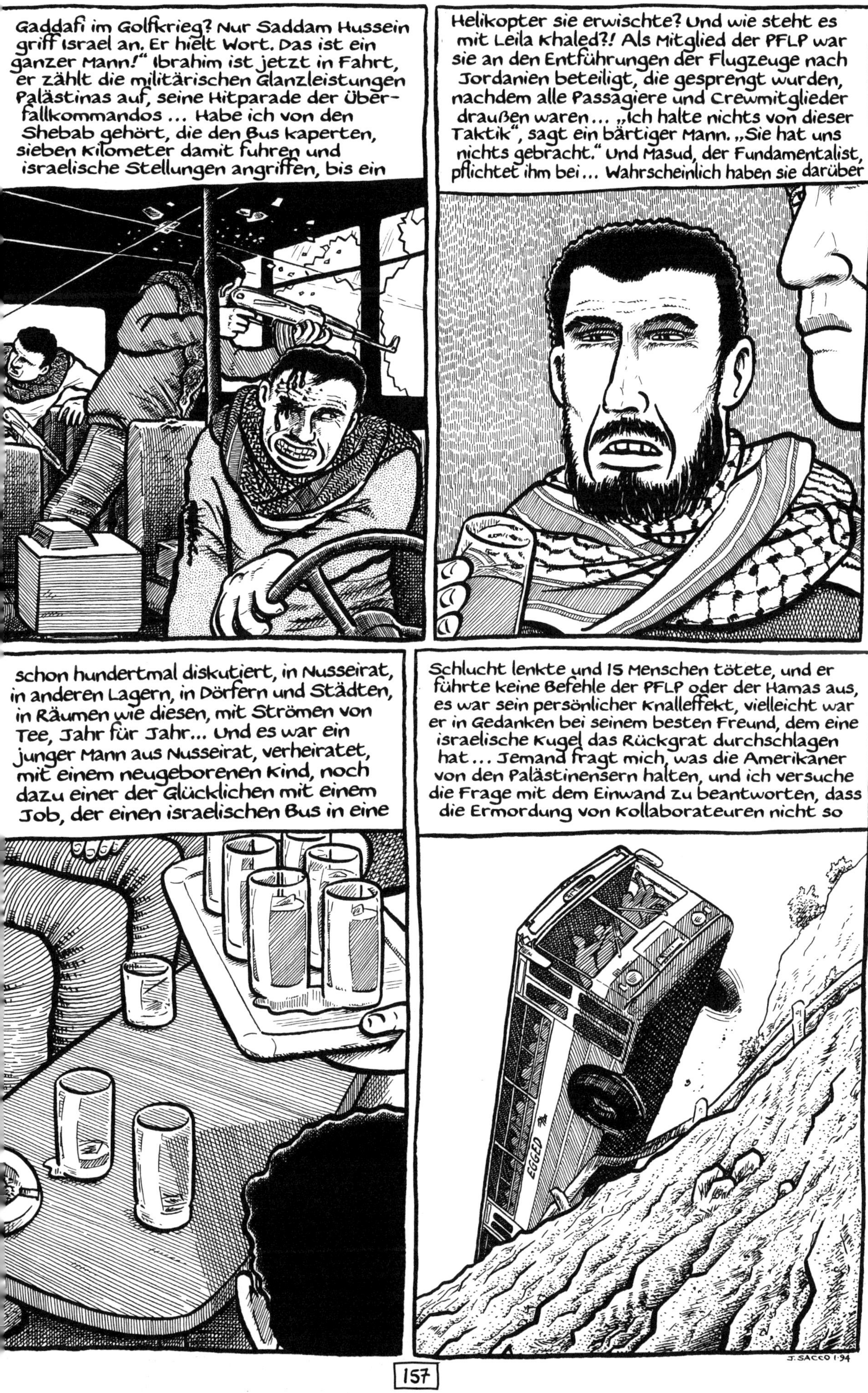
Gaddafi im Golfkrieg? Nur Saddam Hussein griff Israel an. Er hielt Wort. Das ist ein ganzer Mann!" Ibrahim ist jetzt in Fahrt, er zählt die militärischen Glanzleistungen Palästinas auf, seine Hitparade der Überfallkommandos … Habe ich von den Shebab gehört, die den Bus kaperten, sieben Kilometer damit fuhren und israelische Stellungen angriffen, bis ein
Helikopter sie erwischte? Und wie steht es mit Leila Khaled?! Als Mitglied der PFLP war sie an den Entführungen der Flugzeuge nach Jordanien beteiligt, die gesprengt wurden, nachdem alle Passagiere und Crewmitglieder draußen waren … „Ich halte nichts von dieser Taktik", sagt ein bärtiger Mann. „Sie hat uns nichts gebracht." Und Masud, der Fundamentalist, pflichtet ihm bei … Wahrscheinlich haben sie darüber
schon hundertmal diskutiert, in Nusseirat, in anderen Lagern, in Dörfern und Städten, in Räumen wie diesen, mit Strömen von Tee, Jahr für Jahr… Und es war ein junger Mann aus Nusseirat, verheiratet, mit einem neugeborenen Kind, noch dazu einer der Glücklichen mit einem Job, der einen israelischen Bus in eine
Schlucht lenkte und 15 Menschen tötete, und er führte keine Befehle der PFLP oder der Hamas aus, es war sein persönlicher Knalleffekt, vielleicht war er in Gedanken bei seinem besten Freund, dem eine israelische Kugel das Rückgrat durchschlagen hat… Jemand fragt mich, was die Amerikaner von den Palästinensern halten, und ich versuche die Frage mit dem Einwand zu beantworten, dass die Ermordung von Kollaborateuren nicht so
EGGED
J. SACCO 1·94

gut angekommen ist, vom Sommer '90 bis Sommer '91 wurden in Gaza 83 angebliche Kollaborateure von anderen Palästinensern umgebracht, zweieinhalb Mal mehr, als im gleichen Zeitraum durch israelische Sicherheitskräfte den Tod fanden… Und Ibrahim sagt, ihm ist die Meinung der Amerikaner schnuppe, er sagt: „Wir können nicht dulden, dass diese Kollaborateure unter uns leben, uns ermorden, den Israelis
erzählen, was sie wissen", und ein anderer sagt, vor der Intifada taten die Kollaborateure, was sie wollten, aber jetzt zahlen sie, in Nusseirat wurden vielleicht zehn getötet und einer erinnert sich, wie die Leute einen Kollaborateur auf die Straße zerrten und mit ihren Schuhen auf ihn eindroschen, dann kamen ein paar Wagen
mit Mitgliedern der Vereinigten Führung und der Hamas, die brachten ihn in einen Orangenhain und töteten ihn. Sie sagen, das Geständnis der Beschuldigten wird manchmal auf Band aufgenommen und in Läden abgespielt, damit jeder es hören kann, und ja, zugegeben, manche Verdächtigen werden gefoltert, aber, sagt Ibrahim, „bei uns gibt es keine Gefängnisse, keine Haft, wir haben keine andere Möglichkeit, diese Leute zu bestrafen".
Die Gesellschaft löst sich auf, die Nachbarn müssen vor der Sperrstunde um 20 Uhr zu Hause sein…
wir anderen gehen über sandiges Terrain in einen neuen Raum…
J. SACCO 1·94

Wir lassen uns nieder… Ibrahim kümmert sich um die Kohlen, während der Regen auf das Wellasbestdach prasselt…
Wir sind im Zimmer von Ibrahims Bruder…
Ibrahims Bruder war den Abend über schweigsam…
Sein Name wurde mir zwei- oder dreimal gesagt… wie heißt er?… Ammar
Ammars Frau und Kinder wurden weggeschickt, damit wir hier Platz haben…
Ibrahims Familie wohnt im anderen Teil des Hauses, dem Teil mit dem neuen Sofa…
Und nebenbei erzählt uns Ibrahim von Abu Dschihad, wie die PLO-Kämpfer in Beirut die Israelis in Schach hielten – und das, obwohl von Kampfjets Phosphorbomben abgeworfen wurden!
Jedes Mal wenn uns der Gesprächsstoff ausgeht und alle schweigen, heißt uns Ammar von neuem auf Arabisch willkommen…
AHLAN WA SAHLAN.
Und wir antworten:
AHLAN BIK.
Nachdem Ibrahim zu seiner Familie gegangen ist, holt Ammar ein paar Papiere…
… ein Brief von einem palästinensischen Arzt, überschrieben mit: „Bericht“…
Es geht um eine 28-jährige Frau aus Nusseirat mit „schwerer Dyspnoe, Zyanose und Infektion des Brustkorbs“, sie hat „Bronchiektasie, bilaterales fortgeschrittenes Cor pulmonale und gelegentliches CHF“, Herz und Lunge müssen transplantiert werden. Ein Arzt in Montreal will die Lungenoperation gratis durchführen, aber es entstehen weitere Kosten… „immunsuppressive Medikamente, Physiotherapie, Rehabilitation“ und –
J. SACCO 1·94

Ammar fragt, ob ich das Schreiben jemandem im westen geben kann...
ob ich einen zweiten Arzt oder ein Krankenhaus für sie finden kann...
ob ich irgendetwas tun kann...
ICH HABE-
ICH -
SAG IHM, ICH VERSUCHE ES EINEM ARZT ZU GEBEN.
Jetzt halten Ammar und Larry Zwiesprache auf Arabisch
und dann...
ER SAGT, ER HAT SEIT ZWEI JAHREN KEINE ARBEIT.
ER HAT VERSUCHT, EINE REPARATURWERKSTATT FÜR KÜHLSCHRÄNKE ZU GRÜNDEN, ABER DER LADEN LIEF NICHT.
ER SAGT, IN GAZA GIBT ES KEINE ARBEIT...
ER SAGT, ES IST SCHWER, EINE ARBEITSERLAUBNIS FÜR ISRAEL ZU BEKOMMEN...
ER SAGT, SEIT DEM KRIEG DÜRFEN PALÄSTINENSER NICHT MEHR IN DEN GOLFSTAATEN ARBEITEN...
ER FRAGT, OB ES VIELLEICHT IM WESTEN ARBEIT FÜR IHN GIBT...
ER FRAGT MICH?
ICH -
ALSO, ICH GLAUBE, ES IST SCHWER, IHM ARBEIT IN DEN USA ZU VERSCHAFFEN... MIT EUROPA WEISS ICH NICHT GENAU, ABER ES WIRD AUCH SCHWIERIG SEIN, NEHME ICH AN...
ICH WEISS NICHT...
Larry übersetzt...
AHLAN WA SAHLAN.
AHLAN BIK.
J. SACCO 1·94

Am Morgen ist Ammar etwas zuversichtlicher ...
Er hat eine Idee ...
Vielleicht kann er sich an Ibrahims und Masuds Geschäft beteiligen ...
Ibrahim und Masud machen nebenbei Schreibtische und Einbauarbeiten ...
Ja, dann kriegen die drei vielleicht ein Darlehen vom Kinderhilfswerk ...
Ich erwähne einen UNRWA-Fond, von dem ich gehört habe ...
Ich weiß eigentlich nicht, wovon ich rede, aber ich bemühe mich, alle bei Laune zu halten ...
Nach dem Frühstück gehen wir zu Block I ...
Nachts hat es wieder geregnet ...
GESETZ
Jetzt sitzen wir mit anderen Männern in einem anderen Raum ...
Der Knabe am Schreibtisch ist ein Anwalt, er tritt in Militär- und Zivilverfahren auf ...
WORAN ARBEITEN SIE JETZT? WAS IST DAS FÜR EINE AKTE AUF IHREM TISCH?
DA GEHT ES UM FAMILIENEHRE ...
EINE 15-JÄHRIGE WURDE VON IHRER FAMILIE GETÖTET ... ICH VERTRETE DEN TÄTER, DIE ZEUGEN, DIE LEUTE, DIE DAS SEIL BESORGTEN ...
J. SACCO 1.94

SIE WAR VERHEIRATET UND BEGING EHEBRUCH MIT EINEM KOLLABORATEUR...
SIE WURDE VON IHRER FAMILIE ERWÜRGT.
Auf Ehebruch steht nach islamischem Gesetz der Tod...
Die gleiche Strafe hätte den Kollaborateur ereilt, sagt er, aber er steht unter israelischem Schutz...
Ehebrecherinnen werden normalerweise aus der Gemeinschaft ausgestoßen, sagt er... Morde wie diese sind selten... in diesem Fall, sagt er, hat die Familie das Gesetz selbst in die Hand genommen...
DIE ISRAELIS WOLLEN DEN FALL VOR EINEM MILITÄRGERICHT VERHANDELN, WEIL IHR KOLLABORATEUR DARIN VERWICKELT IST...
MEINE VERTEIDIGUNG STÜTZT SICH AUF DIE VIERTE GENFER KONVENTION, DER ZUFOLGE EINE BESATZUNGSMACHT DIE GESETZE UND SITTEN DES BESETZTEN LANDES ZU BEACHTEN HAT...
IM ÜBRIGEN SEHEN DIE JÜDISCHE UND DIE CHRISTLICHE LEHRE FÜR EHEBRUCH DIE GLEICHE STRAFE VOR*
HIER GEHT E UM GLAUBEN FRAGEN UN DARUM IST D MILITÄRGERIC NICHT ZUSTÄNDIG.
* siehe z.B. 5. Buch Mose 22, 22-27
J. SACCO 3.94

WELCHE FÄLLE HABEN SIE SONST NOCH?
MEIST STEINEWERFER, 30 BIS 40 IM MONAT... OFT SIND DIE JUGENDLICHEN UNSCHULDIG, SIE GESTEHEN UNTER FOLTER...
MEINE MANDANTEN WERDEN GESCHLAGEN, MAN DROHT IHNEN AN, IHR GESICHT AUF EINE HEISSE HERDPLATTE ZU DRÜCKEN... KUGELSCHREIBERMINEN WERDEN IHNEN IN DEN PENIS EINGEFÜHRT, SOLCHE SACHEN ...
ICH VERSUCHE MILDERE STRAFEN ZU ERWIRKEN. ZU VERSUCHEN, DASS DIE ANKLAGE FALLEN GELASSEN WIRD ODER DAS ZUSTANDEKOMMEN DER GESTÄNDNISSE ANZUZWEIFELN, IST SINNLOS ...
MEINE MANDANTEN BEKOMMEN DURCHSCHNITTLICH DREI BIS VIER MONATE IN ANSAR II ODER ANSAR III ... MANCHE SIND NICHT ÄLTER ALS 12.
Unsere Sitzung scheint schon geschlossen, als...
WAS NÜTZT ES EIGENTLICH, DASS SIE HIERHER KOMMEN UND ÜBER ALL DAS SCHREIBEN?
J. SACCO 2'94

SEIT 50 JAHREN SCHREIBEN DIE LEUTE ÜBER UNS…
SEIT BEGINN DER INTIFADA KOMMEN JOURNALISTEN AUS ALLER WELT, IN PALÄSTINA WIMMELT ES VON IHNEN…
ZUERST HABEN WIR SIE FREUNDLICH EMPFANGEN UND IHNEN ALLES GEZEIGT…
ABER WAS WURDE FÜR PALÄSTINA GETAN?
WAS HAT SICH GEÄNDERT?
NICHTS GEGEN SIE.
WIE DENKEN DIE AMERIKANER ÜBER DAS VERHALTEN ISRAELS?
WIE STEHEN DIE AMERIKANER ZUM VÖLKERRECHT? WISSEN SIE, DASS ES SO ETWAS GIBT?
WAS IST MIT DEN UN-RESOLUTIONEN, IN DENEN ISRAEL ZUM RÜCKZUG AUFGEFORDERT WIRD? 242? 338?
ODER ZÄHLEN NUR UN-RESOLUTIONEN GEGEN DEN IRAK?
DEN AMERIKANERN SIND DIE RECHTE DER TIERE WICHTIGER ALS DAS, WAS UNS ANGETAN WIRD!
UND WIE WURDE GEORGE HABASCH* BEHANDELT, ALS ER IN FRANKREICH ÄRZTLICHE HILFE BENÖTIGTE? SIE WARFEN IHN RAUS!
* George Habasch – Gründer der Volksfront zur Befreiung Palästinas.
WURDE NICHT DER SCHAH IN AMERIKA BEHANDELT, ALS ER KRANK WAR?
J SACCO 2·94
SIE NENNEN HABASCH EINEN TERRORISTEN!
WAS IST MIT DEN ISRAELISCHEN BOMBEN AUF BEIRUT?
WIE STANDEN DIE AMERIKANER DAZU?

Einer nimmt uns zu Block 2 mit…
Unterwegs sehen wir zwei Vermummte im Kampfanzug, die auf der Straße herumspazieren, als gehörte sie ihnen…
In Gaza hat man die Wahl:
Es gibt das islamische Recht, wie es von einer Familie gegen eine ehebrecherische Tochter ausgelegt wird…
…es gibt das israelische Militärgericht für Kinder, die Steine geworfen haben oder auch nicht…
…es gibt die Genfer Konvention, die eine Besatzungsmacht beachten soll…
…es gibt UN-Resolutionen, denen zufolge sich die Besatzungsmacht zurückziehen soll…
Aber hier, auf einer Schlammpiste zwischen Block 1 und Block 2 im Lager Nusseirat, sind diese Jungs am Drücker…
…jetzt herrscht *ihr* Gesetz, was immer das sein mag…
J. SACCO 2.94

Bei Ammar wartet ein köstliches Essen auf uns…
Der Knüller: knusprig gebackenes Hähnchen in Zitronensoße…
einfach traumhaft!
Aber Larry isst nicht gerade mit Heißhunger…
Später erklärt er, dass er Hemmungen hat, bei Flüchtlingen zu essen…
besonders, wenn es Dinge gibt, die nur den Gästen zuliebe gekauft wurden.
Larry muss zurück nach Gaza-Stadt und Ammar begleitet mich jetzt…
Ammar spricht ein wenig Englisch, was er sich vorher nicht anmerken ließ…
WIR BESUCHEN MEINEN ONKEL…
SCHWARZER KAFFEE
Sein Onkel ist dabei, Kaffee zu machen…
Aber zuerst Tee!
Seine Frau bringt ihn herüber…
Der Onkel verwickelt Ammar in eine Diskussion…
ER IST BÖSE AUF MICH UND MEINEN BRUDER. WIR GEHEN NICHT IN DIE MOSCHEE. ER SAGT, ER SPRICHT NICHT MEHR MIT UNS, WENN WIR NICHT GEHEN…
Das geklärt, wenden wir uns dem Kaffee zu…
schwarz
ohne Zucker
Tasse um Tasse
wir schlürfen eine Runde, während de
Alte den Nächsten braut…

Ich möchte etwas über 1948 hören…
1948: für Palästinenser die Katastrophe…
Ja, er gehört zu den über 200.000, die nach Gaza flüchteten…
Die zionistische Armee war schwer bewaffnet und gut ausgebildet…
Die Palästinenser hingegen waren zehn Jahre früher von den Briten Zwangsentwaffnet worden…
Ihre Hoffnung ruhte weitgehend auf dem Eingreifen der arabischen Streitkräfte…
IN UNSEREM DORF GAB ES FÜNF GEWEHRE. WIR HATTEN SIE VERSTECKT, ABER ES WAREN NICHT GENUG…
DIE JUDEN KAMEN…
ICH FLÜCHTETE MIT MEINER FAMILIE, MIT DEM, WAS WIR AM LEIB TRUGEN UND ETWAS MEHL…
DIE JUDEN ZERSTÖRTEN DAS DORF…
ES IST JETZT ACKERLAND. ICH BIN VOR VIER ODER FÜNF JAHREN DARÜBER GELAUFEN…
Schön, aber was war **vor** 1948?
Wie kamen Juden und Palästinenser damals miteinander aus?
JUDEN UND ARABER LEBTEN ZUSAMMEN…
JA, ICH HATTE JÜDISCHE FREUNDE…
MEIN BRUDER BEKAM OFT BESUCH VON EINEM JUDEN…
SIE TRANKEN KAFFEE ZUSAMMEN… SCHWARZEN KAFFEE…
Ah… das ist mal ein nettes Bild… ein bisschen romantisch verklärt vielleicht, klar, aber es wäre schön, wenn aus solchen Mücken Elefanten würden…
Mir fällt ein, dass das lange her ist…
Ammars Onkel lebt seit über 40 Jahren in dem Schlammloch hier…
Wie also sieht er gegenwärtig die Chancen auf Frieden?
DIE JUDEN SIND WIE EIN HUND, DER EIN STÜCK FLEISCH ERWISCHT HAT… FRIEDEN GIBT ES ERST, WENN MAN DEN HUND TÖTET.
J. SACCO 2.94

*Stand Februar 1992

*Menachem Begin – israelischer Ministerpräsident von 77–83. Yitzhak Schamir – israelischer Ministerpräsident von 86–92.

TOMATEN
Am Vormittag besuchen wir die Werkstatt, in der Ibrahim und Masud Schreibtische fertigen...
Masud erklärt mir die Arbeitsabläufe...
Ammar würde auch gern hier arbeiten...
Ich will ein Foto machen und bitte sie, so zu tun, als würden sie arbeiten...
Ammar tut so, als würde er etwas festschrauben...
Die Vorstellung ist um, es ist Zeit zu gehen...
J. SACCO 3·94

An der Straße von Nusseirat, Block 2, nach Deir al-Balah gibt es ein paar schöne Häuser…
Ich hatte nicht erwartet, dass es in einer Gegend wie Gaza Leute gibt, die angenehm leben, aber manche schwimmen wohl immer obenauf…
ICH WILL GAR NICHT SO EIN HAUS…
ICH WILL NUR ETWAS GELD FÜR EINEN RICHTIGEN FUSSBODEN, NICHT EINFACH SAND.
ICH MÖCHTE DIE KÜCHE MACHEN.
UND EINE RICHTIGE TOILETTE EINBAUEN.
O ja, eine Toilette! Gestern Abend im Sturm… als es in Strömen regnete…
Ich meine, ich kenne mich inzwischen mit Plumpsklos aus, aber Ammars Toilette hat gravierende Mängel…
Ein paar Wände etwa wären nicht schlecht…

Ich bin in Deir al-Balah mit dem Mann verabredet, der beim Anwalt die vielen Fragen gestellt hat … zum Zeichen, dass er nichts gegen mich hat, möchte er mir die Treibhäuser seiner Familie zeigen …
Ammar weiß, wo er wohnt …
Da ist es … schönes Haus …
Begrüßungen …
der Sohn eines Cousins …
wir nehmen seinen Wagen …
Unterwegs wettert er über die massiven Behinderungen der palästinensischen Landwirtschaft durch die Israelis …
Und er macht keine Witze, man nehme als Beispiel nur die Schwierigkeiten der Vermarktung …
Um Waren das kurze Stück von Gaza ins Westjordanland zu transportieren, braucht man sechs verschiedene Genehmigungen …
allein der Fahrzeugschein muss von fünf Ämtern abgestempelt werden …
Für die Produktionsgenehmigung sind 12.000 Schekel Mehrwertsteuervorauszahlung zu leisten (und während israelischen Bauern ein Teil der 18-prozentigen Mehrwertsteuer zurückerstattet wird, genießen Palästinenser rein zufällig keine solche Vergünstigung) …
Zusätzlich zu diesen Hindernissen und der Notwenigkeit, israelische Zwischenhändler einzuschalten, zahlt ein Bauer aus Gaza für den Lufttransport seiner Produkte nach Europa normalerweise doppelt so viel wie sein israelischer Kollege …

Der wundeste Punkt ist die Kontrolle der palästinensischen Wasserressourcen durch die Israelis ... diese pumpen Wasser aus dem Westjordanland in solchen Mengen nach Israel und in jüdische Siedlungen, dass den Palästinensern nur 17 Prozent bleiben ... Hier in Gaza kontrolliert Israel 35 Prozent der Wasserversorgung und durch die 200 Meter tiefen Brunnen in den Siedlungen ist der Salzgehalt der flacheren palästinensischen Brunnen dramatisch angestiegen ... das Salzwasser ist nicht nur zum Trinken ungesund - es schädigt auch die Ackerfrüchte ...
Als Nächstes verbieten die Israelis den Palästinensern in Gaza womöglich, vorhandene Brunnen zu vertiefen oder neue zu graben ...
Trotz alledem wollen diese beiden beweisen, dass die Palästinenser etwas von Tomatenzucht verstehen ...
Sehen Sie?
Sind sie nicht prächtig?
Hier, nehmen Sie!
Bitte!
J. SACCO 3.94
Sie nutzen die Gelegenheit, die Schäden des nächtlichen Sturms zu begutachten. Auf dem Weg hierher haben wir Dutzende zerfetzter Treibhäuser gesehen. Auch bei ihnen ist einiges kaputt gegangen, und ein Treibhaus kostet 5000 $, sagen sie ...

Nächste Station ist die Halle, in der die Tomaten verpackt werden...
Sie wollen mir zeigen, wie gründlich das Produkt geprüft wird, die Qualität der Qualitätskontrolle...
SEHEN SIE? SEHEN SIE?
Na gut, ich bin überzeugt!
Tomaten aus Gaza, Mann...
eins a!
Es gibt noch einen, der die Anlage besichtigt, einen palästinensischen Amerikaner aus Tennessee... er stattet seinem Heimatland einen mehrwöchigen Besuch ab...
Er kennt sich aus mit Tomaten...
DIESE TOMATEN WERDEN NACH EUROPA EXPORTIERT, ABER VIA ISRAEL.
DIE ISRAELIS LASSEN SIE TAGELANG AM FLUGHAFEN LIEGEN ODER VERSCHICKEN SIE ERST, WENN IHRE EIGENEN PRODUKTE WEG SIND...
WENN DIE TOMATEN DANN IN EUROPA ANKOMMEN, SIND SIE OFT VERDORBEN...
DIE PACKFIRMEN UND BAUERN MÜSSEN DANN DAFÜR BEZAHLEN UND IHR RUF IST RUINIERT...
TOMATOES
TOMATOES
TOMATOES
TOMATOES
Ich entdecke Tomatenkisten mit der Aufschrift „israelische Tomaten"...
Auf jeder Tomate klebt ein Carmel®-Schildchen, das besagt: „Produce of Israel"...
ABER DAS SIND KEINE ISRAELISCHEN TOMATEN!
RICHTIG, ABER WENN SIE ALS ISRAELISCH GEKENNZEICHNET SIND, WERDEN SIE UMGEHEND NACH EUROPA VERSCHICKT.
DIESELBEN TOMATEN MIT HERKUNFTSBEZEICHNUNG GAZA NICHT...
ISRAELI TOMATOES
Carmel
ABER DAS IST BETRUG! WISSEN DIE ARBEITER HIER NICHT, WAS SIE TUN?
SIE SIND AUF DIE ARBEIT ANGEWIESEN. ES IST SCHWIERIG, HEUTZUTAGE EINE ARBEITSERLAUBNIS FÜR ISRAEL ZU BEKOMMEN.

Die Arbeiter versichern, dass sie auch nicht glücklich darüber sind...
Klar, Carmel profitiert von falsch ausgezeichneten Produkten aus Gaza...
... und offenbar machen einige palästinensische Zwischenhändler gemeinsame Sache...
aber was sollen sie tun?
ISRAELI TOMATOES
Die Rückfahrt nach Deir al-Balah ist angenehm...
J. SACCO 3·94
Dort angekommen, laden die Tomatenbauern mich und Ammar zu sich ein...
im Wohnzimmer ist ein ganzer Schwarm von Brüdern und Vettern versammelt...
Wieder ein palästinensischer Raum...
... wärmer und viel luxuriöser als üblich, aber eben doch ein Raum in Palästina...
mit anderen Worten: Lasst das Wehklagen sich erheben!
Dieser Mann war gerade im Gefängnis...
sein Vater wurde '68 von den Israelis ermordet...
Sein Onkel, Tod durch Herzinfarkt in einem israelischen Militärfahrzeug...
Der Tee beginnt zu sprudeln und mit ihm der Redefluss der Palästinenser...

Sie wollen meine Meinung hören …
Was halte ich von Hanan Aschrawi?
Syriens Assad?
Saddam Hussein?
George Habasch?
Arafat?
Abu Dschihad?
Was denken die Amerikaner?
Über 242?
338?
Die anderen UN-Resolutionen?
Tja
NATÜRLICH
WIE GESAGT
AUSSERDEM
Selbst Ammar mischt sich ein:
KANN MAN ZUM STUDIEREN NACH AMERIKA GEHEN?
Wir setzen unsere Unterhaltung an einem großen Tisch fort, der sich unter den Speisen biegt, und die Pita ist noch warm – direkt aus dem Ofen aufgetragen … wenn das kein Festschmaus ist!
Klar, diese Leute haben Demütigungen und Schlimmeres erlitten …
… und die Israelis mögen sie mit Steuern schikanieren und ihre Exporte sabotieren …
und nach dem gestrigen Sturm müssen etliche 5000-Dollar-Treibhäuser repariert werden …
aber niemand steht hier hungrig vom Tisch auf …
Ammar, der am Ende der Straße in Nusseirat, Block 2, wohnt, dessen Haus weder einen Fußboden noch eine Küche hat, auf dessen Klo man nicht vor Wind und Wetter geschützt ist, der mit seiner Familie ein Zimmer unter einem Wellasbestdach bewohnt, sitzt neben mir und isst ein bisschen …
nicht viel …
Ich? Ich war noch nie ein schüchterner Gast …
J. SACCO 3.94

EIN SCHEKEL NACH GAZA-STADT
J. SACCO 3.94

DANKE FÜR ALLES, AMMAR.
ICH WEISS NICHT, WIE ICH DIR DANKEN SOLL.
DAS WAR SEHR NETT VON DIR.
NEIN, NEIN AMMAR. DAS ZAHLE ICH!
AMMAR, BITTE!!
ICH ZAHLE!

EDWARD SAID
WARMES WASSER
WARM
Ich werde die Dusche bei Larry an diesem Abend in Gaza-Stadt nie vergessen …
und auch nicht das warme Essen und den Radiator, den Larry vor mir aufstellt …
ICH KANN MICH DORT NIE LÄNGER ALS ZWEI TAGE AUFHALTEN.
DER ORT DEPRIMIERT MICH EINFACH.
WEISST DU NOCH, DER EHRENMORD, AN DEM DER ANWALT ARBEITET? DAS HAT MICH WIRKLICH ERSCHÜTTERT. WAS HÄLTST DU DAVON?
ICH FINDE DEN GEDANKEN AN BEWAFFNETEN KAMPF UNERTRÄGLICH. IN MEINEN AUGEN IST ES UNTER ALLEN UMSTÄNDEN FALSCH, EINEM ANDEREN DAS LEBEN ZU NEHMEN. WENN MAN JEMANDEN TÖTET, NEGIERT MAN DIESE PERSON.
Als Larry im Bett ist, sehe ich mich in seiner Bibliothek um und picke mir Edward Saids „Orientalismus“ heraus …
Die Unterhaltung mit Larry hat meinen Geist geschärft, und ich schaffe ein paar Dutzend Seiten von Saids dichter Prosa …
Ich mag Edward Said …
Er ist palästinensischer Amerikaner, Professor in Columbia …
Sein „The Question of Palestine“ ist einer der Gründe, warum ich hier bin …
Morgen fahre ich in ein anderes Lager, Dschabalia …
Ich fahre nicht gern …
Lieber würde ich mit Leuten wie Larry vor einem Radiator sitzen und Edward Said lesen …
J. SACCO 3·94

SIEBTER TEIL

Manchmal war es, als würden nicht Regentropfen auf das Welldach prasseln, sondern Hämmer…
Wir konnten das Getöse nur mit Schreien übertönen…
GLAUBST DU, ES HÖRT IRGENDWANN AUF?
KEINE AHNUNG.
DSCHABALIA
Der Wind pfiff durch den Spalt zwischen Dach und Wohnzimmerwänden, und plötzlich, während ich auf Samehs Sofa saß, hagelte es herein…
HE! ES HAGELT AUF MICH!
Sameh saß vor Kälte zusammengekauert da mit einer Miene, die ich von vielen Palästinensern kannte – als wollte er sagen: „Was sollen wir tun."
Was wir taten, war zittern
es gab keine Heizung
die Israelis hatten den 65.000 Lagerbewohnern den Strom abgestellt
Kollektivstrafe – zu wenige Leute hatten ihre Stromrechnung bezahlt…
J. SACCO 4-94

Sameh hatte bezahlt, mehr oder weniger …
Er hatte den Zähler die ersten zehn Tage im Monat laufen lassen, bis er bei etwa 50 $ angelangt war. Dann hatte er ihn abgeschaltet …
Was sollte er machen? Er hatte seit zwei Jahren nichts mehr verdient …
Er lebte vom Ersparten, von dem, was er im Ausland verdient hatte, und von dem kargen Lohn seines Vaters als Schichtarbeiter in Israel …
Sameh lag keineswegs auf der faulen Haut, er arbeitete ehrenamtlich im Rehazentrum des Lagers, einer Einrichtung, die er mit anderen aufgebaut hatte …
Er erzählte mir, wie er und die anderen Vorschläge unterbreitet, bei Gemeindevorstehern und Gesundheitsorganisationen um Unterstützung geworben und für Geldspenden Klinken geputzt hatten …
Jetzt hatte die Einrichtung ein ehrenamtliches Lehrerkollegium, einen Lehrplan und zwei Dutzend taubstumme Schüler …
Für Dschabalia war das ein durchschlagender Erfolg …
J. SACCO 5·94

Ich hing im Rehazentrum herum, trank Tee, schrieb in mein Tagebuch, bis Sameh am frühen Nachmittag mit seiner Arbeit fertig war…
dann stand er mir zur Verfügung, war mein Dolmetscher, brachte mich mit allen möglichen Leuten zusammen, hakte meine Liste sehr methodisch ab…
WER JETZT?
ICH WÜRDE GERN MIT EINEM ALTEN REDEN, DER SICH NOCH AN 1948 ERINNERT…
Und so ging es, er organisierte ein Interview nach dem anderen…
Einmal liefen wir durchs Lager und sahen uns an, was die Stürme angerichtet hatten…
An den Hauswänden sah man, wie hoch das Wasser stand, als die Kanäle überliefen…
Manche Leute schichteten zum Schutz vor der nächsten Überflutung Sandsäcke vor ihrer Tür auf…
einige Häuser standen leer…

Die Leute deckten Plastikplanen über die Dächer, um sie abzudichten, und legten Steinsäcke darauf, damit sie im Wind nicht wegflogen…
Ein alter Mann zeigte uns die Wasserschäden an seinem Haus, indem er mit bloßen Händen Brocken aus der Mauer brach…
ER LÄDT UNS ZUM TEE EIN.
LASS UNS WEITERGEHEN.
Eine Frau zeigte uns einen Raum, dessen Dach der Sturm teilweise weggerissen hatte. Das Loch war mit Plastikplane abgedeckt…
SIE SAGT, ES KOSTET 200 $, DAS DACH ZU ERNEUERN…
SIE HABEN UM HILFE AUS DEM ENTWICKLUNGSPROGRAMM DER UN GEBETEN, ABER DA WAREN SIE NICHT DIE EINZIGEN MIT IHREM PROBLEM… MAN HAT SIE ABGEWIESEN.
Ich fragte, ob ich ein Foto machen dürfte… aber sie dachte, ich wollte *sie* fotografieren…
NEIN, ICH MÖCHTE DIE SCHÄDEN FOTOGRAFIEREN…
Vielleicht hätte ich doch ein Foto von ihr machen sollen…
J. SACCO 4.94

Dschabalia war schrecklich, so etwas hatte ich noch nie gesehen...
aber manchmal musste ich lachen...
manchmal zogen wir unterwegs eine Horde Kinder an...
es gab sehr viele hier...
WIE HEISST DU?
VON WO KOMMST DU?
Nach einer Weile hatte ich es satt, sie anzulächeln und strahlend zu nicken...
Wenn wir sie nicht beachteten, verzogen sie sich normalerweise...
J. SACCO 5·94
Ein paarmal waren sie beleidigt, als ich sie nicht beachtete, und reagierten misstrauisch, feindselig, ich weiß nicht genau...
MACH DIR IHRETWEGEN KEINE SORGEN.
Gaza hat die höchste Geburtenrate im Nahen Osten und einigen Quellen zufolge ist das Flüchtlingslager Dschabalia der am dichtesten besiedelte Ort der Welt – 65.000 Menschen auf zwei Quadratkilometern...

Die beiden Schwestern von Sameh leben mit ihren Ehemännern und Kindern und drei weiteren Familien in einem einzigen 10 x 10 Meter großen Haus – insgesamt 35, pro Zimmer 7 Personen…
DIE KINDER.
In diesem dicht bevölkerten Lager gab es ein paar erstaunlich große Freiflächen…
1971 hatte General Ariel Scharon mit seinen Bulldozern Schneisen durch dieses und andere Flüchtlingslager geschlagen – um Straßen zu verbreitern, Viertel abzugrenzen, mehr Manövrierraum für die IDF-Fahrzeuge zu schaffen…
Damals walzten die Israelis in Dschabalia täglich 40 Häuser nieder, man sieht heute noch Fundamentreste, wo früher Wohnungen standen…

Nach den Unternehmungen am Tage, bei Ausgangssperre, wenn man zuhören konnte, wie Regen und Wind das Lager beutelten, saß ich mit Sameh in seinem Haus und wir erzählten uns unsere Lebensgeschichte…
Er hatte in Kairo studiert und im Jemen Philosophie gelehrt…
Abgesehen davon, dass es durch den Spalt zwischen Mauern und Dach hereinregnete, wohnte Sameh luxuriöser als die meisten palästinensischen Flüchtlinge, die ich kannte…
Er hatte viel Platz für sich allein…
er hatte Stühle, einen Esstisch, andere Möbel…
ein modernes WC…
Topfpflanzen…
Bilder und Poster an den Wänden, Abstrakte und Impressionisten…
Er hatte es sich so gemütlich eingerichtet, wie es die Umstände erlaubten…
Sameh wollte, dass ich mich in seinem Heim wohl fühlte, so wohl, dass ich mich zunächst unwohl fühlte…
DU SCHLÄFST IM BETT, ICH SCHLAFE AUF DEM BODEN…
ES IST KALT AUF DEM BODEN, UND ES IST DEIN BETT. ICH SCHLAFE AUF DEM BODEN…
aber ich bekam immer das Bett, der einzige warme Fleck im Haus…
J. SACCO 5.94

Irgendwann vor fünf weckte uns der Gebetsruf, der aus der Dunkelheit herüberschallte … man konnte ihn von drei Moscheen hören …
الله هو اكبر
الله هو اكبر
هو اكبر
Der Lautsprecher am Minarett dient auch anderen Zwecken …
WAS HEISST DAS?
ES IST EIN AUFRUF: EIN JUNGE WIRD VERMISST. WER IHN FINDET, SOLL IHN BITTE ZUR MOSCHEE BRINGEN.
Ich wusste nicht, wie nah Sameh dem Islam stand, er war in solchen Dingen sehr zurückhaltend …
Er ging auch nicht mit seiner politischen Überzeugung hausieren …
Klar, dass er gegen die Besatzung war, aber er schloss sich keiner bestimmten Widerstandsgruppe an …
PLO
Er zögerte sogar, die Kefije zu tragen, selbst als ich damit herumzulaufen begann …
Die Farbe des traditionellen Kopftuchs ist ein Erkennungszeichen dafür, mit welcher PLO-Fraktion man sympathisiert …
Samehs schwarzes Tuch wurde mit Arafats Fatah assoziiert …
ICH TRAGE ES SONST NIE …
DU WIRST SEHEN, ES WIRD BEMERKUNGEN GEBEN … SIE WERDEN DENKEN, ICH GEHÖRE ZUR FATAH …

Und so geschah es auch auf unserem nächsten Weg
FATAH.
SIEHST DU?
Keine Ahnung, was Sameh davon hatte, mich vier Tage zu beherbergen, mir bei meiner Suche nach traurigen Lebensgeschichten zu helfen…
WER IST DER NÄCHSTE AUF DEINER LISTE?
JEMAND, DER IN DER INTIFADA VERLETZT WURDE.
aber er sagte, er unterhält sich gern mit Abendländern, und wir wurden Freunde…
Gegen Ende meines Aufenthalts, als ich schon fast eine Woche in Gaza war und wünschte, ich hätte Kleider zum Wechseln mitgenommen, legte mir Sameh ein paar Sachen von sich hin…
NEIN, SAMEH, DANKE, ABER DAS GEHT NICHT.
WARUM NICHT?
ES GEHT NICHT.
Denn irgendwo muss man eine Grenze ziehen…
Man kann am Tisch eines Flüchtlings essen und man kann in seinem Bett schlafen… man kann in seinem Schlamm waten und über dieselben toten Ratten steigen…
Aber seine Unterwäsche tragen?
Etwas Distanz muss man wahren…

Wir waren acht…
vor dem UNRWA-Krankenhaus…
Acht sind zu viel…
Wir sind nur wenige Dutzend Meter vom IDF-Areal entfernt…
Der Wachturm…
Sie könnten uns beobachten…
Eine Gruppe von acht Männern fällt auf…
Wir beschließen uns zu teilen…
Vier von uns gehen weiter…
DIE JUNGS
TEIL EINS
J. SACCO 6-94
Mohammed und Husein gehen voran…
Mohammed gehört zur Fatah – schwarze Kefije…
18 Jahre alt…
bei Zusammenstößen dreimal angeschossen…
Husein trägt das Rot der Volksfront…
er ist etwa 20…
war sechs Monate in Ansar III inhaftiert…
Jugendliche wie sie – die Shebab – waren die Speerspitze der Intifada…

Und hier fingen die Unruhen an – Flüchtlingslager Dschabalia...
... es war ein spontaner Volksaufstand, der alle überraschte, selbst die PLO...
Bis dahin hatte sich der palästinensische Widerstand vor allem außerhalb des historischen Palästina formiert...
Aber an jenem Dezembertag 1987 nahmen Palästinenser, die seit über 20 Jahren unter israelischer Besatzung lebten, die Sache selbst in die Hand...
Mohammed und Husein führen uns über einen drei bis vier Meter breiten Weg zwischen Flüchtlingshäusern und dem Außenzaun des IDF-Areals...
Auf dem Stacheldraht hängt Wäsche, die Frauen können sie hier direkt vor der Haustür aufhängen...
J. SACCO 6·94
Wir erreichen eine lange, matschige Straße, hier entlang liegt der Friedhof...
Dort sind die palästinensischen Arbeiter begraben...
Sie waren auf dem Heimweg von ihrer Arbeitsstelle in Israel... Es gab einen Unfall mit einem israelischen Fahrzeug... Es heißt, der israelische Fahrer hätte es absichtlich gemacht...
Vier Palästinenser starben...
Jedenfalls sind die Palästinenser da drüben begraben...
Es ist zu kalt, wir beschließen, die Gräber nicht zu besuchen...

Wir folgen dem weg, den die Trauergemeinde am Abend des 8. Dezember 1987 nach der Beerdigung nahm …
IMMER MEHR MENSCHEN SCHLOSSEN SICH UNS AN…
WIR WAREN WÜTEND…
WIR NAHMEN DIESEN WEG…
Die Blockade wurde später errichtet…
Die Israelis wollen verhindern, dass Steinewerfer über die Seitenstraßen entwischen …

Paradoxerweise trafen die ersten Steine der Intifada Palästinenser …
ALS WIR HIERHER KAMEN, SASSEN MÄNNER IM FREIEN UND SPIELTEN KARTEN …
WIE KONNTEN SIE AUSGERECHNET JETZT KARTEN SPIELEN?
Unser Weg führt zurück zum Eingang des israelischen Stützpunkts …
Mohammed und Husein erzählen, dass das Areal damals kleiner war, es gab weder Außenzaun noch Wachturm …
WIR STÜRMTEN AUF DAS GELÄNDE …
WIR WAREN WÜTEND UND WARFEN MIT STEINEN …
DIE SOLDATEN VERSUCHTEN UNS ZURÜCKZUDRÄNGEN …
SIE SCHOSSEN IN DIE LUFT …
SIE VERSUCHTEN UNS MIT JEEPS UND LKWS ABZUDRÄNGEN …
SIE DACHTEN, WIR WÜRDEN WEGRENNEN …
SIE GERIETEN IN PANIK.
J. SACCO 6·94

Mohammed und Husein erzählen, dass die Demonstration andere Teile des Lagers, die Seitenstraßen und die Freiflächen erfasste…
bis nach Mitternacht gab es Zusammenstöße…
AM NÄCHSTEN TAG ZOGEN DIE ÄLTEREN SCHÜLER NACH DEM UNTERRICHT DURCH DAS LAGER…
VIELE SCHLOSSEN SICH AN…
DIE MENGE VERSAMMELTE SICH AUF EINER FREIFLÄCHE…
DIE SITUATION ESKALIERTE…
DIE SOLDATEN FEUERTEN IN DIE MENGE…
ALS EINER STÜRZTE, DACHTEN SIE, WIR WÜRDEN WEGLAUFEN…
ABER WIR DRÄNGTEN WEITER VOR…
Ein Jugendlicher wurde getötet…
sein Name war Hatem al-Sisi…
der erste von Hunderten…
J. SACCO 6.94
DIE MENGE TRUG DEN TOTEN JUNGEN DURCH DAS LAGER…
DIE SOLDATEN VERSUCHTEN AN IHN HERANZUKOMMEN, ABER WIR HINDERTEN SIE MIT STEINEN…
EINE WOCHE LANG WAR DAS LAGER WIE EIN KRIEGSGEBIET.
Innerhalb von zwei Tagen hatten sich die Kämpfe auf den ganzen Gazastreifen und das Westjordanland ausgedehnt…
Die Intifada hatte begonnen…

DIE JUNGS TEIL ZWEI
Als wir später mit Mohammed, Husein und ein paar anderen zusammensaßen, fragte ich, was sich in jenen ersten Tagen der Intifada geändert hatte...
VOR DER INTIFADA WAREN WIR ÜBERZEUGT, DASS ISRAEL DAS MACHTMONOPOL BESASS, DASS WIR NICHTS GEGEN SIE AUSRICHTEN KONNTEN...
WIR HATTEN ANGST VOR DEN SOLDATEN, SIE KAMEN UNS VOR WIE SUPERMAN ... ABER DANN SAHEN WIR, DASS SIE ANGST VOR STEINEN HATTEN.
WARUM WERFT IHR MIT STEINEN? WAS BRINGT DAS?
WIR WISSEN, DASS WIR DIE SOLDATEN MIT STEINEN NICHT WIRKLICH VERLETZEN KÖNNEN ... ABER ES GIBT DA ETWAS IN UNS... UND DAS MÜSSEN WIR ZEIGEN...
MITTLERWEILE IST ES UNS ZUR GEWOHNHEIT GEWORDEN
HABT IHR NICHT ANGST, WIEDER INHAFTIERT ZU WERDEN?
ES SPIELT KEINE ROLLE, OB WIR INS GEFÄNGNIS KOMMEN ODER NICHT. DAS HIER IST UNSER GEFÄNGNIS.
ICH WAR NOCH NIE IM GEFÄNGNIS. ALLE ANDEREN WAREN IM GEFÄNGNIS.
Als wir unter uns sind, schüttelt Sameh den Kopf...
HAST DU GEHÖRT, WIE MOHAMMED SAGTE, DASS ER NOCH NIE IM GEFÄNGNIS WAR?
DAS BEDRÜCKT IHN.

DIE JUNGS
TEIL DREI
Firas ist 15 Jahre und Mitglied der Volksfront zur Befreiung Palästinas, der Widerstandsgruppe, die innerhalb weniger Wochen nach den ersten Unruhen die Aufstände anführte…
WARUM BETEILIGST DU DICH AN DER INTIFADA?
ICH SEHE ES ALS EINEN WEG, MEIN LAND ZURÜCKZUEROBERN, MICH VON DER BESATZUNG ZU BEFREIEN, DER WELT ZU ZEIGEN, DASS ES UNS GIBT…
ICH SEHE, WIE DIE SOLDATEN MEINE ELTERN BEHANDELN. SIE SCHLAGEN MEINE BRÜDER. EINER MEINER BRÜDER IST IM GEFÄNGNIS…
WIE WURDEST DU FÜR DIE VOLKSFRONT ANGEWORBEN?
„Mein Nachbar kam zu mir… Er erkundigte sich nach meiner politischen Einstellung, ob ich der Hamas oder einer anderen Gruppierung zustimme. Dann ließ er mich ein paar Tage in Ruhe. Er beobachtete mich, sah, wer meine Freunde waren, wo ich mich aufhielt…“
„Als er meinte, ich könnte der Richtige sein, fragte er mich, ob ich für die Volksfront arbeiten wolle. Er sagte, ich sollte es mir überlegen, wenn mir an mir selbst und meinem Land gelegen wäre und wenn mich unsere Probleme und unsere Lebensbedingungen interessierten. Ich sagte, ich würde darüber nachdenken. Er drängte mich nicht. Ich saß sechsmal mit ihm und ein paar anderen zusammen, bevor ich ja sagte. Andere Gruppen traten an mich heran, aber ich hatte mich schon für die Volksfront entschieden…“
WIE ALT WARST DU, ALS DU DICH ENTSCHIEDEN HAST?
ICH WAR 13.
J. SACCO 6.94

„Mit 13 oder 15 hat man ganz gewöhnliche Dinge für sie zu erledigen. Man sprüht Parolen an Hausmauern und verteilt Flugblätter. Mit 16 wird man Mitglied, wenn man will. Dann wird man registriert …“
MAN GEHT VOM WÄNDEBESPRÜHEN ZU ANDEREN DINGEN ÜBER.
WAS FÜR DINGE?
WARNUNGEN AN KOLLABORATEURE ÜBERBRINGEN, ZUM BEISPIEL. MAN WARNT SIE DREI MAL, DANN WERDEN SIE VERPRÜGELT.
HAST DU FREUNDE IN DEN ANDEREN FRAKTIONEN?
ICH HALTE MICH AN MEINE LEUTE. DIE FATAH IST WEGEN DES FRIEDENSPROZESSES MIT DER VOLKSFRONT UND DER HAMAS ZERSTRITTEN. DIE FATAH BEFÜRWORTET IHN, DIE VOLKSFRONT NICHT …
BEKÄMPFEN SICH DIE FRAKTIONEN?
„Ja, einmal gingen beispielsweise Fatah-Anhänger auf die Straße und riefen: ‚Wir sind für die PLO! Wir sind für die Madrider Konferenz!‘ Daraufhin brüllten Anhänger der Volksfront Parolen gegen die Konferenz. Sie gingen mit Knüppeln und Messern aufeinander los … es waren 150 bis 200 Menschen. Es gab einige Verletzte …“
J. SACCO 7.94

ICH HÖRE SO ETWAS NICHT GERN UND HOFFE, DIE FATAH BEGREIFT EINES TAGES, DASS UNS DIESER FRIEDENSPROZESS NICHTS BRINGT, ISRAEL KRIEGT, WAS ES WILL. WIR HOFFEN, DASS WIR UNSEREN KAMPF EINES TAGES GEMEINSAM MIT DER FATAH FORTSETZEN KÖNNEN.
DENKST DU AUCH AN ANDERE DINGE ALS DIE INTIFADA?
ICH DENKE AN NICHTS ANDERES, NUR AN DIE POLITIK.
WAS IST MIT DER SCHULE?
„Wenn ich morgens auf dem Schulweg die Soldaten sehe, kämpfe ich gegen sie. Dann gehe ich nicht in die Schule."
WAS HAST DU BEIM KAMPF GEGEN DIE SOLDATEN ERLEBT?
EINMAL WURDE ICH ANGESCHOSSEN, UND SIE HABEN MICH DREI MAL VERHAFTET...
„Bei einer Verhaftung haben sie uns die Hände gefesselt und die Augen verbunden und uns verprügelt. Ich bin noch keine 16 ... darum muss ich nicht ins Gefängnis, wenn meine Eltern 300 $ Strafe zahlen ..."
VERSUCHEN DEINE ELTERN, DICH VOM STEINEWERFEN ABZUHALTEN?
MEINE ELTERN SAGEN, WAS ICH MACHE, IST GUT.
WAS PASSIERTE, ALS DU ANGESCHOSSEN WURDEST?

„Wir waren ein Gruppe Jugendlicher."
„Die Soldaten kamen und wir rannten weg."
„Ich bekam eine Kugel in den Rücken."
„Meine Freunde, die anderen, warfen Steine, damit die Soldaten mich nicht gefangen nehmen konnten."
„Dann kam ein Krankenwagen und brachte mich ins Krankenhaus."
J. SACCO 7.94

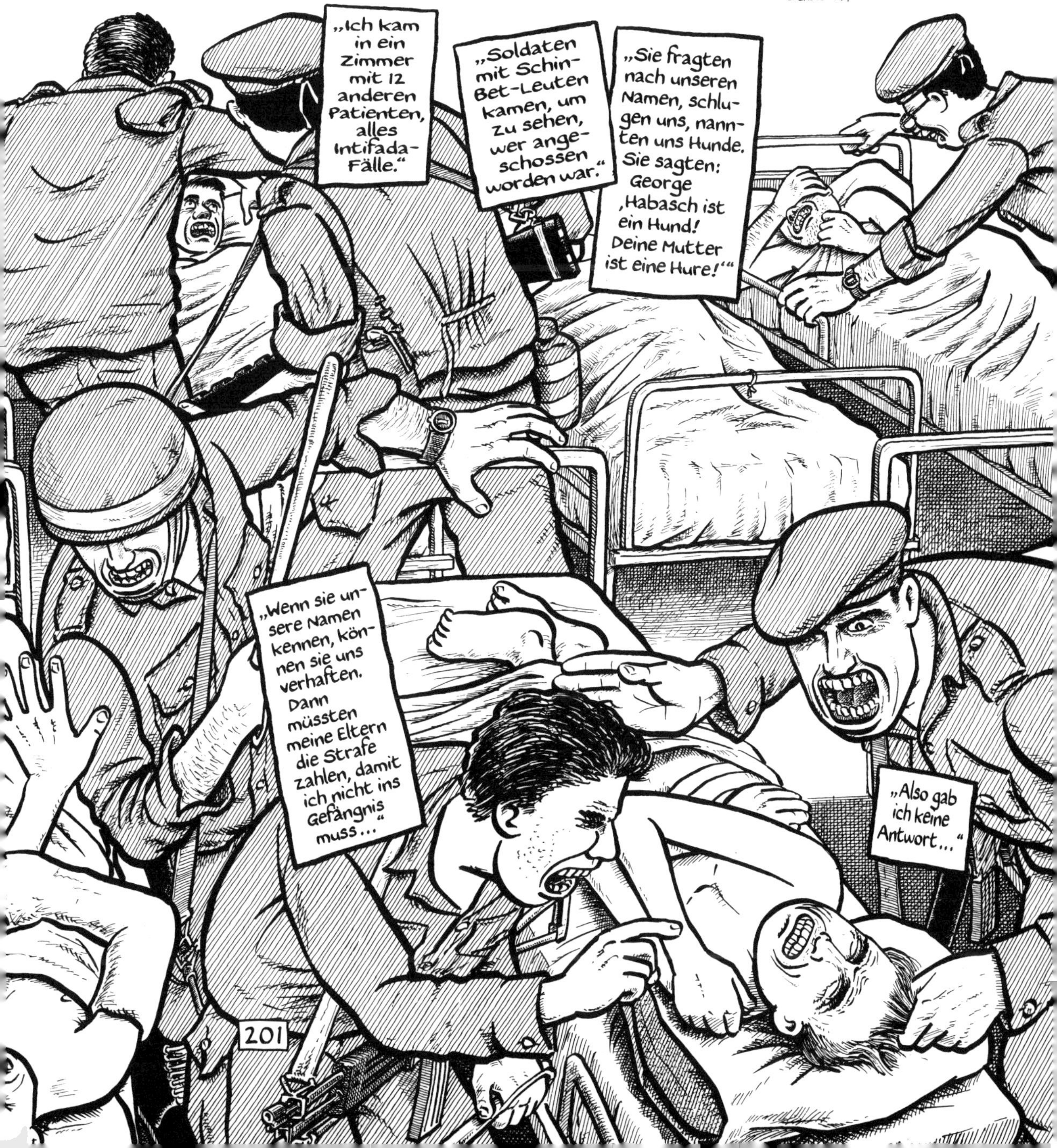
„Ich kam in ein Zimmer mit 12 anderen Patienten, alles Intifada-Fälle."
„Soldaten mit Schin-Bet-Leuten kamen, um zu sehen, wer angeschossen worden war."
„Sie fragten nach unseren Namen, schlugen uns, nannten uns Hunde. Sie sagten: George ‚Habasch ist ein Hund! Deine Mutter ist eine Hure!'"
„Wenn sie unsere Namen kennen, können sie uns verhaften. Dann müssten meine Eltern die Strafe zahlen, damit ich nicht ins Gefängnis muss …"
„Also gab ich keine Antwort …"

„Fünf Soldaten zogen mich vom Bett und warfen mich auf den Boden ... dabei brach ich mir den Arm ...

Als ich mir krampfhaft den Arm hielt, traten sie danach ... Ärzte und Schwestern versuchten sie

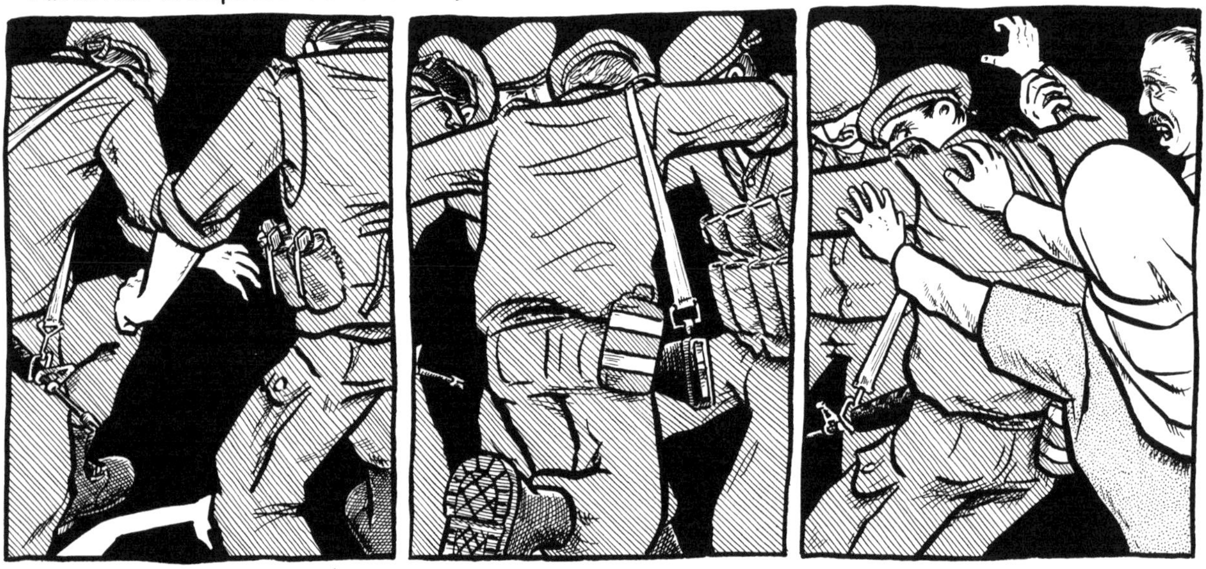

zu hindern, wurden aber zurückgedrängt ... Die Soldaten brachen auch einem Klinikangestellten den Arm ...

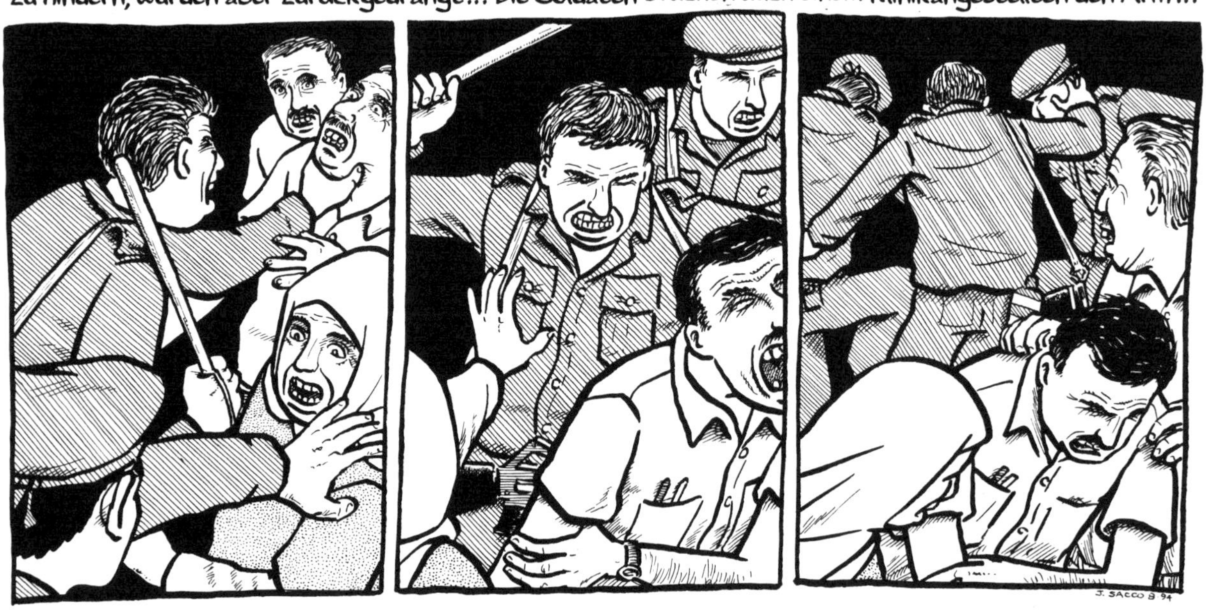

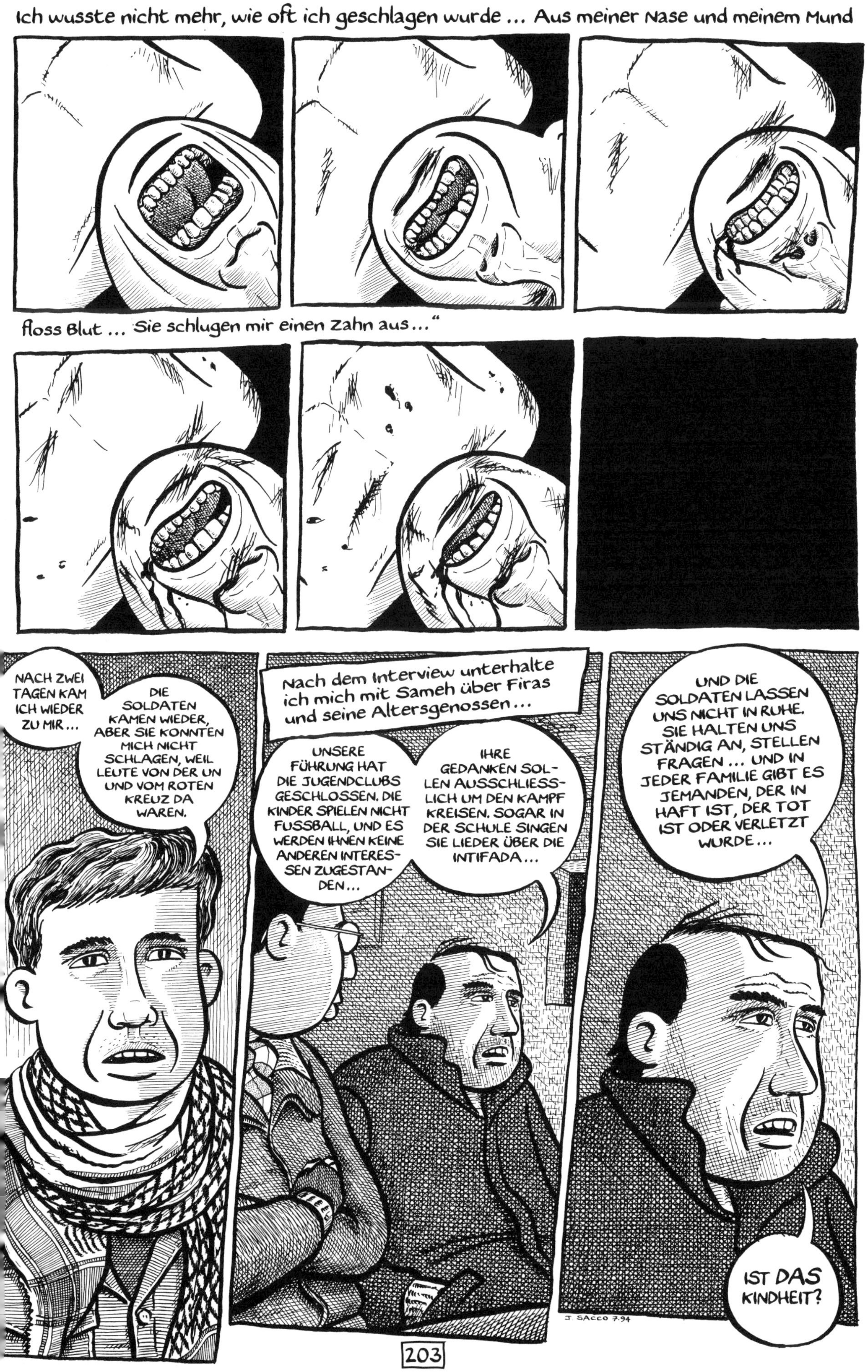
Ich wusste nicht mehr, wie oft ich geschlagen wurde … Aus meiner Nase und meinem Mund
floss Blut … Sie schlugen mir einen Zahn aus …"
NACH ZWEI TAGEN KAM ICH WIEDER ZU MIR …
DIE SOLDATEN KAMEN WIEDER, ABER SIE KONNTEN MICH NICHT SCHLAGEN, WEIL LEUTE VON DER UN UND VOM ROTEN KREUZ DA WAREN.
Nach dem Interview unterhalte ich mich mit Sameh über Firas und seine Altersgenossen …
UNSERE FÜHRUNG HAT DIE JUGENDCLUBS GESCHLOSSEN. DIE KINDER SPIELEN NICHT FUSSBALL, UND ES WERDEN IHNEN KEINE ANDEREN INTERESSEN ZUGESTANDEN …
IHRE GEDANKEN SOLLEN AUSSCHLIESSLICH UM DEN KAMPF KREISEN. SOGAR IN DER SCHULE SINGEN SIE LIEDER ÜBER DIE INTIFADA …
UND DIE SOLDATEN LASSEN UNS NICHT IN RUHE. SIE HALTEN UNS STÄNDIG AN, STELLEN FRAGEN … UND IN JEDER FAMILIE GIBT ES JEMANDEN, DER IN HAFT IST, DER TOT IST ODER VERLETZT WURDE …
IST DAS KINDHEIT?
J SACCO 7.94

DIE JUNGS
TEIL VIER
Rifat ist 17 Jahre alt…
ES WAR DREI UHR NACHMITTAGS…
DIE SOLDATEN WAREN AUF DER HAUPTSTRASSE. WIR BEWARFEN SIE MIT STEINEN…
UND RANNTEN DANN WEG…
„Ich rannte in eine Seitenstraße und sah ein Auto…“
„Vier arabisch gekleidete Männer stiegen aus und ich sah, dass einer ein Gewehr hatte…“
„Ich rannte los und sie eröffneten das Feuer. Sie trafen mich im Rücken, aber ich spürte es nicht…“
„Als ich mich nach ihnen umdrehte, schossen sie mich in den Bauch…“
J. SACCO 7·94

„Ich wollte aufstehen, schaffte es aber nicht …"
„Sie schleppten mich an den Füßen die 50 Meter zur Hauptstraße. Meine Eingeweide hingen heraus …"
„Sie brachten mich zu einem Auto und überlegten, ob sie mich da liegen und sterben lassen sollten …"
J. SACCO 7.94
ZUFÄLLIG KAM GERADE EINE UN-AMBULANZ VORBEI. SIE BRACHTEN MICH IN DAS AL-SCHIFA-KRANKENHAUS IN GAZA-STADT …
SIE MACHTEN EINE NOTOPERATION. ICH BLIEB ZWEI WOCHEN DORT …
DANN BRACHTE MICH DAS ROTE KREUZ INS AL-MAKASSED-KRANKENHAUS IN JERUSALEM, WEIL ICH HOHES FIEBER HATTE …
HIER WURDE ICH NOCH EINMAL AM RÜCKEN OPERIERT. ICH MUSSTE EINEN MONAT DA-BLEIBEN …
VOR DER OPERATION KONNTE ICH MEINE BEIDEN BEINE NICHT BEWEGEN …
JETZT KANN ICH DAS LINKE BEIN BEWEGEN, ABER NICHT WIE FRÜHER …
ICH MACHE EINE PHYSIOTHE-RAPIE …
FRÜHER HABE ICH GEARBEITET … JETZT GEHT ES NICHT MEHR …

Ich höre ihm zu und muss an ein Interview denken, das ich vor zwei Wochen mit dem Leiter des YMCA-Rehaprogramms in Ostjerusalem geführt habe...
Seine Organisation kümmert sich um verwundete palästinensische Jugendliche...
WAS SOLL AUS DEN VIELEN VERLETZTEN WERDEN? WER KÜMMERT SICH UM SIE, WENN WIR EINEN EIGENEN STAAT HABEN?
ENTSCHÄDIGEN WIR SIE FÜR DIE VERLETZUNGEN, DIE SIE SICH IN DER INTIFADA ZUGEZOGEN HABEN?
Seine Hauptsorge gilt der Wiedereingliederung schwer verletzter Jugendlicher in die Gesellschaft...
ES GIBT DA EIN MÄDCHEN, SIE IST 14 JAHRE ALT, SIE VERLOR DURCH EINE KUGEL EIN AUGE...
DANACH SPRACH SIE ZEHN TAGE LANG MIT KEINEM MENSCHEN...
IHRE MUTTER HATTE ANGST, DASS DIE ENTSTELLUNG DIE HEIRATSAUSSICHTEN DES MÄDCHENS ZUNICHTE MACHEN WÜRDE...
WIR MUSSTEN DER MUTTER GUT ZUREDEN, UM ZU VERHINDERN, DASS SIE IHRER TOCHTER DEN MUT NAHM...

DAS GRÖSSTE PROBLEM BEI DEN VERLETZTEN JUNGEN IST, DASS SIE SICH ANFANGS WIE HELDEN FÜHLEN – SIE HABEN ETWAS FÜR IHR LAND GETAN … ABER WENN DER JUNGE DANN MIT SEINER BEHINDERUNG LEBEN MUSS, FÜHLT ER SICH VON DEN ANDEREN VIELLEICHT IM STICH GELASSEN …
Das gibt mir zu denken … der Junge wurde vor zwei Jahren angeschossen, Zeit genug, die Tatsache seiner Behinderung zu realisieren … Also frage ich:
WIE KOMMST DU ALS TEILWEISE GELÄHMTER IN DER GEMEINSCHAFT ZURECHT?
WIR ACHTEN DICH.
SIE ACHTEN MICH.
BESTIMMT ACHTEN SIE IHN …
WAS HÄTTE ER SCHON SAGEN SOLLEN BEI DEN VIELEN LEUTEN, DIE ZUHÖRTEN?

Ich sitze mit Sameh Tee trinkend und plaudernd im Rehazentrum, als eine Frau mit ihrem Kind hereinkommt…
Der Junge ist geistig behindert…
Die Frau sucht eine Schule für ihn…
Ist in der Taubstummenklasse Platz für ihn?
Sameh erklärt, dass der Unterricht mit taubstummen Kindern nicht gut für den Jungen wäre…
Mutter und Kind gehen…
BEHINDERT
Fakt ist, erzählt mir Sameh, dass in Gaza nur fünf Leute als Sonderpädagogen arbeiten, und keiner ist dafür ausgebildet… Hier in Dschabalia, sagt er, gibt es 1200 Behinderte und kaum Geld, um etwas für sie zu tun…
Das Rehazentrum versorgt die taubstummen Kinder mit Essen und Kleidung…
„Aber wir haben kein Budget“, sagt Sameh. „Wir können kaum planen. Das Land ist arm…“
Und jedes Hörgerät kostet Hunderte von Dollars…
Das Zentrum verfügt über keine Mittel, aber sie haben dort jede Menge Ideen, wie man den Kindern helfen kann…
WIR SPRECHEN UNS MIT DER UNRWA AB, DAMIT DIE SCHLAUEN IN DER REGELSCHULE AUFGENOMMEN WERDEN. DIE UNRWA IST DAMIT EINVERSTANDEN…
DENEN, FÜR DIE DAS NICHT IN FRAGE KOMMT, WOLLEN WIR EINE PRAKTISCHE AUSBILDUNG VERMITTELN. WIR STEHEN MIT DEN KOMMUNALEN ARBEITGEBERN IN VERBINDUNG…
AUSSERDEM MÜSSEN WIR DAS BEWUSSTSEIN DER GEMEINDE FÜR DIE BEHINDERTEN WECKEN. DIE EINSTELLUNG MUSS SICH ÄNDERN. AM BESTEN ERREICHT MAN DAS MIT BEISPIELEN: HIER IST EIN BEHINDERTER, SEHT EUCH AN, WAS ER KANN…
J. SACCO 7 '94

Sameh erzählt von dem professionellen Hilfsangebot, das hier aufgebaut werden soll, aber ich habe gehört, dass einige Direktoren des Zentrums ihren Posten nicht aufgrund ihrer beruflichen Qualifikation, sondern wegen ihrer Frakcionszugehörigkeit bekleilen ... die Fatah stieg dieser Quelle zufolge erst ein, als las Zentrum seine Arbeit bereits aufgenommen hatce, und profitiert nun von der Beteiligung an einem rfolgreichen Programm, ährend die versprochene nanzielle Unterstützung veitgehend ausbleibt ...
Abgesehen von diesen Problemen sind, wie Sameh einräumt, weder er noch eine der Lehrkräfte für die Arbeit mit Behinderten qualifiziert ... er möchte sich weiterbilden ... die UNRWA hatte ihn sogar für einen vierwöchigen Universitätskurs in Bethlehem benannt, der ganz auf seiner Linie liegen würde – Praktische Aspekte der Arbeit mit Behinderten ...
... aber Bethlehem liegt im Westjordanland und Sameh lebt in Gaza und für die Hin- und Rückfahrt benötigt man eine israelische Genehmigung ...
SIE HABEN ABGELEHNT? WIESO?
WEIL DAS PROGRAMM NICHT VON DER UNRWA GETRAGEN WIRD ...
Dennoch träumt Sameh davon, sich weiterzubilden ...
ICH WÜRDE GERN MEINEN MAGISTER MACHEN ... ICH MÖCHTE IN EUROPA STUDIEREN, WO MAN EINE HUMANE EINSTELLUNG ZU DEN BEHINDERTEN HAT ...
ICH HÄTTE GERN EINE ANDERE STAATSANGEHÖRIGKEIT, DANN KÖNNTE ICH UNGEHINDERT INS AUSLAND GEHEN UND PROBLEMLOS IN PALÄSTINA ARBEITEN ...
SACCO 94
Aber die Israelis entscheiden darüber, ob Sameh ausreisen darf oder nicht ... und das Zentrum hat ohnehin nicht genug Geld, um jemanden für zwei oder drei Jahre ins Ausland zu schicken ...
Um Himmels willen! Das Zentrum kann ihm und den sechs Lehrkräften nicht einmal ein Gehalt für ihren Fulltimejob zahlen ...
Und von den 5000 $, die Sameh als Lehrer im Jemen gespart hat, ist nicht mehr viel übrig ...
Was dann?

Ich blinzle hektisch, knipse im Geist Bilder und denke: „Das werden ein paar tolle Seiten im Comic“ – die bizarre Szene eines festgefahrenen Autos in strömendem Regen, Sameh, der angestrengt über die Schulter ins Dunkel blickt und mit der Schaltung hantiert, um aus einem der vielen Flutlöcher zurückzusetzen … und daneben ich, so euphorisch wie nie … ich hab's geschafft, versteht ihr, ich habe Hunderte von Meilen in Flugzeugen, Bussen und Taxis zurückgelegt, um genau hierher zu kommen: *Dschabalia,* das Flüchtlingslager im Gazastreifen, das man gesehen haben muss, Dreh- und Angelpunkt der Intifada, ein Disneyland von Schmutz und Elend … und da bin ich, mitten im palästinensischen Leben, ein Abenteuercartoonist, der seine Kleider seit Tagen nicht gewechselt hat, der über ein paar tote Ratten gestiegen ist und vor Kälte gebibbert hat, der mit den Jungs herumgehangen und wissend zu ihren erschreckenden Geschichten genickt hat … und ich sitze bei Nacht und Wolkenbruch eingezwängt in einem Auto, erschlagen von der Brutalität meiner Umgebung und denke: „Ja, gib mir die volle Kraft, ich kann es aushalten“, aber ich habe das Fenster ganz hochgekurbelt …

und was für ein Theater, bis wir es hatten! Die erste Adresse, an der wir nachfragten, war gerade von Soldaten heimgesucht worden … nur gut, dass das Video nicht dort war…
dann wurden wir zu einem Haus auf der dunklen Seite des Lagers geschickt…
nach drei Tagen gingen die Lichter in Samehs Viertel endlich wieder an, aber nicht hier…
MIR GEFÄLLT DAS NICHT
Jedenfalls haben wir das Video jetzt, es liegt auf meinem Schoß…
UPPS!
Nicht hier entlang!
MIR GEFÄLLT DAS NICHT
J. SACCO 8'94
Hier auch nicht! Den Krater möchte ich nicht mal in einem Sherman-Panzer durchqueren!

Endlich halten wir an...
hier lang
achte auf den Weg
Nun sitzen wir mit zwei Freunden von Sameh in einem Haus und wärmen uns bei Tee auf...
Ich liebe es, mit den Jungs in Palästina herumzuhängen und beiläufig muntere Fragen über Schläge, Verletzungen und was sonst noch zu stellen...
Ansar III? Klar, da haben sie beide gesessen...
Verhöre? (Verhörgeschichten interessieren mich immer.)
VERZEIHEN SIE, ABER ICH MÖCHTE NICHT DARÜBER REDEN...
NACHDEM ICH DAS LETZTE MAL EINEN JOURNALISTEN HERUMGEFÜHRT HATTE, SASS ICH ZWEI JAHRE IM GEFÄNGNIS...
Na schön, vergessen wir's...
...sehen wir uns in Ruhe das Video an...

Amateuraufnahmen … Kämpfe mit Soldaten … Verletzte Jugendliche, Blut und Wunden …
IN DEN ERSTEN JAHREN DER INTIFADA HÄTTE ICH DESWEGEN FAST MEINEN JOB AUFGEGEBEN …
[Er ist Krankenpfleger.]
Als Nächstes die berüchtigten CBS-Aufnahmen von Soldaten, die ein paar Jugendliche nach ihrer Festnahme verprügeln, ihnen systematisch die Arme brechen. Ich habe davon gelesen, sie aber nie gesehen … es dauert etwas zu lange …
Nach einigem Palästinenserblabla – einem Film über die Ausbildung von PLO-Guerillas und ein paar munteren Parolen im MTV-Stil – kommt ein Privatvideo … die Beerdigung eines Jugendlichen … er wurde bei einem Zusammenstoß erschossen … die Trauernden sind nervös … angespannt … sie sind misstrauisch … Manche Palästinenser sind überzeugt, dass die Israelis die getöteten Shebab als Lieferanten für menschliche Organe missbrauchen … die Aufnahmen sind verwackelt … mit der Handkamera gefilmt … sie sind nervös, habe ich das schon erwähnt? Halten nach Soldaten Ausschau, fürchten, dass Soldaten kommen …
Das war's, jetzt sitzen wir da und unterhalten uns …
Ich habe die Uhr im Auge …
Es geht auf acht, die Ausgangssperre …
vielleicht hat es niemand sonst bemerkt …
vielleicht geht die Uhr vor …
vielleicht sollte ich etwas sagen …

Endlich sind wir wieder draußen, aber nicht rechtzeitig genug...
Nach der Sperrstunde, also kein Auto, wir gehen zu Fuß...
Ich sehe die Hand nicht vor den Augen...
HIER, NIMM DU DAS VIDEO.
WENN UNS DIE SOLDATEN ENTDECKEN, FINDEN SIE ES BESSER BEI DIR.
Na toll! Wenn uns die Soldaten entdecken?
Ich sag euch, was passiert, wenn uns die Soldaten entdecken! Das Video fliegt in die nächste Scheißpfütze!
Ich meine, für Sameh ist das alles schön und gut ... er ist an so etwas gewöhnt...
Ich dagegen verstoße nicht alle Tage gegen israelische Ausgangssperren...
Hier draußen könnte man für einen Palästinenser gehalten werden...
Waren das Stimmen?
Palästinenser?
Ich glaube, es waren Palästinenser...

Am nächsten Morgen bricht Sameh früh zum Rehazentrum auf. Normalerweise begleite ich ihn, aber heute nicht. Ich sage ihm, dass ich ausschlafen will, dass ich mein Tagebuch auf den neuesten Stand bringen will …
Später kommen Samehs Bruder und Freund vorbei und wollen wissen, ob ich mir das Video noch einmal ansehen will. Ich würde lieber nicht, aber mein Arabisch reicht nicht aus, ihnen das zu erklären …
Wir sehen uns das Video bei Essen, Tee und Nachtisch an …
… die Wunden, das Blut, das Armebrechen sind beim zweiten Mal leichter zu verdauen …
Bei der Beerdigung sind die Trauernden immer noch nervös und misstrauisch, aber ich mache mir keine Sorgen, ich habe es schon gesehen, die Soldaten werden nicht kommen …
Das ist das Gute an einem Video, man kann es zurückspulen, noch einmal ansehen, das Überraschungsmoment ausmerzen … das ist weniger nervenaufreibend, man kann Tee schlürfen, man hat alles schon gesehen, man weiß, dass die Soldaten nicht kommen … hundertprozentig.
Im wirklichen Leben dagegen kann man auf nichts wetten …
J. SACCO 8·94

ACHTER TEIL

Es gab schlechte Neuigkeiten...
Sameh will trotzdem weitermachen...
Ich bestehe nicht darauf...
Wir könnten den nächsten Punkt meiner Tagesordnung auslassen...
aber Sameh will nichts davon wissen...
Wir bekommen eine Mitfahrgelegenheit...
ein Eselskarren...
wieder ein authentisches Flüchtlingslagererlebnis...
gut für den Comic, vielleicht eine Titelseite...
Dies ist mein vierter Tag in Dschabalia, Sameh war fast sein ganzes Leben hier...
PILGERSCHAFT

Als ich das erste Mal mit der UNRWA in Dschabalia war, stand Sameh plötzlich vor mir und sagte: „So werden Sie nichts zu sehen kriegen." Wenn ich das Lager wirklich sehen wolle, sagte er, solle ich kommen und bei ihm wohnen ...
Ein paar Tage später folgte ich seiner Einladung, seitdem sind wir zusammen, der Cartoonist und sein Fremdenführer ...
Er hat mich herumgeführt, mit Leuten bekannt gemacht, den Dolmetscher für mich gespielt ...
J. SACCO 9.94

Er weiß, warum ich hier bin, dass meine Zeit begrenzt ist und ich Geschichten aus dem Leben will, er weiß das, anschauliche Beschreibungen, die Einzelheiten, Mann, Comics sind ein visuelles Medium …
Wie viele Soldaten? Wie schlugen sie dich? Was passierte dann? Er hilft mir, den Leuten die Würmer aus der Nase zu ziehen …
Und er hört alle Geschichten zweimal, jede Misshandlung, jede Demütigung, einmal von dem, der sie erzählt, und dann aus seinem eigenen Mund, wenn er sie mir übersetzt …

Heute gab es in dem Rehazentrum, in dem Sameh arbeitet, ein Rundschreiben …
… keine Freunde mehr, die im Büro herumhängen; kein Tee mehr für Freunde; kein früherer Feierabend, um Freunden das Lager zu zeigen …
Man hat Sameh außerdem mit einer Rückstufung gedroht …
Das ist Büropolitik, so etwas passiert überall. Wahrscheinlich schwelte es schon seit einiger Zeit …
Aber meine Anwesenheit war der Auslöser …
Ihr könnt euch vorstellen, wie ICH mich fühle …

Das wäre ein gutes Motiv...
J. SACCO 10.94

Die Schule ist aus.
Was hat sie vor?
Sie steht vor einem Loch im Zaun...
Worauf wartet sie? Dass jemand „Los!“ ruft?
Jetzt geht sie!
Eine Abkürzung über israelisches Territorium, ein abgesperrtes Militärgelände ... wahrscheinlich ist auf der anderen Seite auch ein Loch...

Sie wissen nicht, wo es ist.
Die Kinder sagen, sie wissen es.
Da ist es ...
Das Grab von Hatem al-Sisi, dem ersten Todesopfer der Intifada ...
Sie haben mit seinem Blut politische Parolen auf das Grab geschrieben und mit Lack versiegelt.

Fotosession.
Sameh scheucht die Kinder weg. Ich wollte sie im Bild haben, aber egal…
Das hätten wir.
wir haben eine Verabredung…
…wieder ein Interview mit einem alten Mann, er flüchtete 1948 nach Gaza…
Der alte Mann versetzt sich zurück in die damalige Zeit und als er anfängt, sind die ersten Worte, die Sameh übersetzt, die:
DIE JUDEN BRACHTEN DIE JUNGEN LEUTE UM. ICH WAR 22 JAHRE ALT.

„Sie bekamen Gewehre von der britischen Mandatsregierung. Wir durften keine Waffen besitzen. Wenn die Juden in der Nacht ein palästinensisches Dorf angriffen … konnten wir nichts dagegen tun …“
„Die Juden kamen nachts und zerstörten Häuser, während die Bewohner darin schliefen …“
„Sie vergruben Bomben in den Feldern, Landminen. Ich habe Menschen auf diese Art sterben gesehen …“
„Eine jüdische Siedlung wurde bombardiert und 15 Menschen kamen um …“
„Damals mussten wir unsere Kleider verkaufen, um Waffen zu kaufen. Wir baten die Briten um Gewehre, aber wir bekamen nur vier …“
„Die Irgun* kam mit Gewehren, sie legten den Leuten Augenbinden an und nahmen sie mit … Viele wurden entführt … auch mein Schwager …“
*IRGUN – radikale paramilitärische ionistengruppierung, geführt von dem späteren israelischen Ministerpräsidenten Menachem Begin
„Die Juden besetzten das Dorf und verhafteten alle gebliebenen Bewohner, auch meinen Vater, der alt war und nicht weggehen konnte …“
„Ich ging mit meiner schwangeren Frau vier Tage lang zu Fuß … Die ägyptischen Soldaten weigerten sich, uns in ihren Lkws mitzunehmen …“
„Die Juden warfen Bomben über uns ab … selbst die Ameisen liefen uns hinterher …“
ES WAR EIN SCHWARZER TAG, AN DEM ICH MEIN LAND VERLIESS.
227

Der alte Mann redete lange und ich fürchte, wir haben unsere nächste Verabredung mit einem früheren PLO-Kämpfer verpasst …
GLAUBST DU, WIR KOMMEN ZU SPÄT?
ICH GLAUBE, WIR SIND ZU SPÄT.
Als wir wieder bei Sameh sind, ergibt sich eine neue Gelegenheit. In der Nähe gibt es jemanden, der kürzlich aus israelischer Haft geflohen ist. Die beiden wollen uns mit ihm bekannt machen …
WAS HÄLTST DU DAVON?
HEUTE NICHT.
MEIN NACHBAR HEIRATET MORGEN, UND ER FEIERT HEU-TE ABEND.
DU BIST EINGELA-DEN.
Na gut, dann feiern wir eben …
Das Fest ist in vollem Gang. Für morgen werden Speisen vorbereitet …

In einem Hinterzimmer läuft Musik, Dutzende von Jungen und Männern...
wir zwängen uns hinein...
J. SACCO 11.94
einige Shebab tanzen... ein Gestampfe in einer bestimmten Schrittfolge.
Sie sind wie im Rausch, ihre Kefijes schweißgetränkt, ihr Stampfen übertönt die Musik...

Als das Tanzen vorbei ist, bricht im Raum die Hölle los! Lieder! Sie singen, als wollten sie das Dach wegschmettern...
Fatah-Lieder! Später liefert Sameh eine freie Übersetzung: „An alle Menschen, die uns hassen, wie süß ist es, für Palästina zu sterben ... Die Fatah fürchtet den Tod nicht und sie wird Palästina befreien."
Danach wollen mich die Leute kennen lernen, die Kinder wollen englisch reden...
HE IS A CLOCK!
HE IS A BANANA!
HE IS A ORANGE!
Der Vater des Bräutigams begrüßt mich...
Das war sein Sohn, als Teenager von Soldaten getötet...
MEIN HERZ IST VOLL SCHMERZ UM MEINEN TOTEN SOHN, ABER DIESEN TAG MÜSSEN WIR FEIERN...
WIR MÜSSEN ZEIGEN, DASS WIR STÄRKER SIND ALS DER SCHMERZ.
Vor der Acht-Uhr-Ausgangssperre ist das Fest zu Ende...
SOLCHE FEIERN SIND UNGEWÖHNLICH.
DIE VEREINIGTE FÜHRUNG HAT SIE MEHR ODER WENIGER VERBOTEN.

Vor uns liegt noch ein ganzer Abend und wir verbringen ihn mit Samehs Familie – seiner kranken Mutter, seinem Bruder und seiner Schwägerin, einem Neffen, einer Nichte, einer unverheirateten Schwester …
Seine Mutter erzählt von 1948, aber ihre Stimme versagt, die Tränen kommen ihr…
SIE VERJAGTEN UNS AUS UNSEREN HÄUSERN UND JETZT SIND SIE UNS HIERHER GEFOLGT…
Sein Neffe ist 15, er wurde bei Zusammenstößen zweimal angeschossen. Aber wir haben keine Lust mehr, uns über diese Dinge zu unterhalten…
Samehs Bruder ist neugierig…
WIE KOMMT ES, DASS SIE HIER ESSEN UND SCHLAFEN? HABEN SIE KEINE ANGST NACH ALL DEM, WAS SIE ÜBER UNS GEHÖRT HABEN?
J. SACCO 12.94
Die Nichte starrt mich an. Sie ist 10 Jahre alt und fasziniert. Sameh übersetzt…
WIE SCHMECKT DAS WASSER IN DEINEM LAND?
IST DAS WASSER HIER BESSER ODER BEI EUCH?
TRAGEN DIE FRAUEN HOSEN AUF DER STRASSE WIE IN ÄGYPTEN?
DARF EIN MANN ZWEI FRAUEN HABEN?
GIBT ES IN EUREM LAND DIE SOLDATEN UND DIE JUDEN UND DIE FATAH UND DIE VOLKSFRONT?

IN ÄGYPTEN HABE ICH AUCH SOLDATEN GESEHEN. HABT IHR KEINE SOLDATEN IN EUREM LAND?
SCHIESSEN SIE AUF DIE LEUTE?
ICH HABE GEHÖRT, CHRISTEN ESSEN SCHNECKEN. ISST DU SCHNECKEN? IN WELCHEM LAND IST DAS ESSEN BESSER?
WAS MACHEN DIE SOLDATEN IN EUREM LAND MIT DEN LEUTEN?
WIE SIND EURE FESTE? SCHLACHTET IHR LÄMMER UND GEBT DEN ARMEN FLEISCH?
WAS IST MIT DEINEN ELTERN? LEBST DU ALLEIN? HAST DU BRÜDER? SCHWESTERN? NUR IHR ZWEI? WIE HEISST SIE?
WARUM HABT IHR IN EUREM LAND NICHT DIE FATAH UND DIE VOLKSFRONT?
WANN FÄHRST DU WIEDER?
WENN ER IN ZWEI JAHREN WIEDERKOMMT, BIST DU EINE FRAU. WÜRDEST DU IHN HEIRATEN?
WARUM NICHT?
Ich bin immer noch rot...
ICH FAND ES NETT, ALS ICH SIE FRAGTE, WAS SIE STUDIEREN WILL, WENN SIE ZUR UNI GEHT, UND SIE SAGTE: „DEN AUSLÄNDER."
EIN MÄDCHEN WIE SIE ... WENN ICH IHR VATER WÄRE, WÜRDE ICH IHR EINEN COMPUTER KAUFEN...

Am Morgen regnet und hagelt es immer noch. Wir können unser eigenes Wort nicht verstehen. Wir warten darauf, dass es nachlässt ...
WAS SAGT ER?
ER SAGT, SEIN VIERTEL IST ÜBERFLUTET, UND ER HAT 30 MINUTEN GEBRAUCHT, UM HERAUSZUKOMMEN ...
ER IST BIS ZU DEN KNIEN DURCHNÄSST.
J. SACCO 12.94

Heute fahren wir nach Rafah an der ägyptischen Grenze ...
... aber zuerst machen wir in Gaza-Stadt Halt ...
Sameh will Kleider kaufen, vielleicht einen Pullover ...

Um zu den Läden auf der anderen Straßenseite zu gelangen, springen wir von Müllhaufen zu Müllhaufen…
Sameh findet nichts, das ihm gefällt…
Es wird Zeit, nach Rafah zu fahren…
J. SACCO 12·94

In Chan Junis gibt es einen Verkehrsstau. Wir hören, dass weiter vorn vermummte Palästinenser in Aktion sind. Die Straßenblockade hält ihnen die Soldaten vom Leib…
Wir sind draußen, wir nähern uns Rafah…
Hier ist auch etwas los…
Wir sind vorbei…
J. SACCO 12.94
Wir treffen uns mit Jusef, einem Freund von Sameh…

Nach kurzer Autofahrt sitzen wir mit einer Frau und ihrem jüngsten Sohn in einem Haus in einem Flüchtlingslager …
WIR SASSEN HIER, ALS DIE SOLDATEN UNSER VIERTEL ANGRIFFEN …
„Sie schossen mit Gas, sodass den Kindern und Alten übel wurde …"
J. SACCO 12.94
„Eine Gasbombe landete in unserem Hof …"
„Die Frauen rannten hinaus und riefen um Hilfe. Alle kamen aus ihren Häusern und liefen zusammen … sie bewarfen die Soldaten mit Steinen …"
„Die jungen Leute türmten alles Mögliche zu einer Barrikade auf, selbst einen Kühlschrank. Sie wollten die Jeeps aufhalten …"
„Ich sagte zu meiner Nachbarin: ‚Warum bleibst du im Haus? Wenn die Soldaten kommen und unsere Söhne holen, müssen wir sie aufhalten …'"
„Mein Sohn Basel wollte den Leuten helfen, die vom Tränengas getroffen waren. Er wollte sehen, ob die Soldaten noch auf der Straße waren …"

„Ein Soldat hinter der Barrikade schoss ihn in den Kopf…“
„Ich sah, wie er fiel. Ich war draußen. Aber ich wusste nicht, welcher meiner Söhne es war…“
„Ich wollte zu ihm laufen, aber die Nachbarn hielten mich zurück…“
„Er wurde zur Sozialstation und dann ins Krankenhaus nach Chan Junis gebracht…“
„Wir fuhren ihm nach… Die Soldaten hielten das Auto mit seinem Vater und seinen Brüdern an und schlugen auf sie ein…“
„Sie zwangen sie, einen brennenden Reifen von der Straße zu räumen. Sie brachen meinem Sohn – dem Ältesten – den Arm…“
„Die Soldaten hielten das Auto an, in dem ich saß, und wir wurden geschlagen…“
„Einer der Soldaten warf einen Stein und traf mich am Bein. Aber ich spürte es nicht, weil ich zu meinem Sohn wollte…“
„Im Krankenhaus in Chan Junis sagten die Ärzte, sie würden meinen Sohn in eine Klinik in Israel bringen…“
„Die Soldaten ließen ihn nicht in einem Krankenwagen fahren. Sie sagten, sie würden ihn von einer nahen Siedlung aus mit einem Hubschrauber transportieren…“
„Ich fuhr im Krankenwagen mit zum Flugplatz. Als wir an einen Kontrollpunkt kamen, sagten die Ärzte: „Wir haben einen Verletzten dabei, wir sind in Eile…“

„Nach einer halben Stunde ließen sie uns durch … Aber es war kein Hubschrauber da …“
„Wir kehrten zum Krankenhaus zurück. Sie schickten uns anderswohin zum Hubschrauber …“
„Aber da war er auch nicht …“
„Wir fuhren wieder zum Krankenhaus. Die Ärzte beschlossen, ihn im Krankenwagen nach Israel zu bringen. Warum hatten sie das nicht gleich getan?“
„Er wurde um 11 Uhr angeschossen und wir kamen erst um 18 Uhr mit ihm in dem israelischen Krankenhaus an …“
„Kein Arzt sah nach ihm. Sie kümmerten sich nicht um uns …“
J. SACCO 12.94
„Ich war völlig außer mir. Sie brachten mich nach Gaza zurück …“
„Mein Sohn starb nach 45 Stunden … ohne ärztliche Hilfe … nicht einmal frische Kleider hatte er bekommen … nur Sauerstoff …“
„Vierzig Stunden nach seinem Tod standen die Soldaten abends vor der Tür. Sie sagten, wir sollten um acht Uhr zum Friedhof gehen, nur die Familie …“
„Sie verhängten eine Ausgangssperre über das Lager und zwischen den Gräber standen viele Soldaten …“
„Wir warteten im Regen bis 1 Uhr morgens …“

„Sie brachten den Leichnam und ließen uns 15 Minuten Zeit, ihn zu waschen. Wir gingen dazu in ein nahes Haus …“
WIR HATTEN AUSGANGSSPERRE … DER SOHN MEINES ONKELS WAR GERADE ERSCHOSSEN WORDEN …
„Als die Ausgangssperre aufgehoben war, wollte ich meinen Sohn Ahmed nicht zur Schule gehen lassen wegen der Unruhen …“
„Nach drei Tagen bestand er darauf. Er sagte: ‚Alle anderen gehen zur Schule. Ich muss hin …‘“
„Gewöhnlich stand ich früh auf und machte ihm das Frühstück, aber an diesem Tag war ich faul. Es regnete und war kalt. Wie dem auch sei, ich weckte ihn nicht …“
„Er stand allein auf und zog sich an. Er ließ sich Geld von seinem Vater geben, der sagte: ‚Bitte, geh nicht.‘ Achmed beruhigte ihn und versprach, keine Steine zu werfen …“
„Er schaute zu mir herein und sagte, er würde zur Schule gehen. Ich flehte ihn an zu bleiben. Er sagte, wenn es irgendwo Unruhen gäbe, würde er zurückkommen. Er war erst eine Woche zuvor von Gummigeschossen an der Hand und am Arm verletzt worden …“

„Ich stand auf und ging zum Markt, um Reis für die Trauerfeier für den Sohn meines Onkels zu kaufen …"
„Die Leute sahen mich eigenartig an. Sie wussten, dass Ahmed angeschossen worden war, aber sie wollten es mir nicht sagen …"
„Als ich nach Hause kam, war niemand da …"
„Eine Nachbarin erzählte mir, dass vier Schüler bei einem Zusammenstoß an der Schule verletzt worden waren … Zwei meiner Söhne besuchten diese Schule …"
„Ich ging zu meiner Schwiegertochter. Sie wollte mir nichts sagen, und dann fing sie an zu weinen. Sie sagte: ‚Ahmed ist verletzt.'"
„Wir fuhren zum Krankenhaus in Chan Junis, aber da war er nicht …"
„Man sagte uns, die Soldaten hätten ihn zu einem Militärhospital in Israel gebracht. Ich war außer mir. Ich dachte, mit ihm würde das Gleiche passieren wie mit meinem Sohn Basel …"
„Wir fuhren zu ihm. Wir waren erst um 6 Uhr abends bei ihm …"
„Er war fünfmal getroffen … in die Stirn, den Hals, den Arm, das Herz und die Wange. Er lebte noch …"
„Wir wollten ihn ins Makassed-Krankenhaus in Jerusalem bringen, aber sie ließen uns nicht …"
„Am nächsten Tag fragte ich wieder nach. Ich ging zum Direktor, um ihm Füße und Hände zu küssen, damit ich meinen Sohn mitnehmen durfte …"

„Er sagte, ich müsse ihn von arabischen Ärzten mit einem Krankenwagen abholen lassen …“
„Mein Sohn, Ahmeds Bruder, fuhr nach Gaza zurück, um den Krankenwagen und Ärzte zu holen, und als sie wiederkamen, war es dunkel …“
„Nachdem die arabischen Ärzte ihn gesehen hatten, rieten sie uns, ihn nicht wegzubringen. Sie wussten, dass er bald sterben würde, nannten uns aber den schlechten Straßenzustand als Grund …“
„In der Nacht fuhren wir nach Gaza … wir ließen zwei Leute im Krankenhaus zurück … sie schliefen dort …“
„Um 1 Uhr morgens wurden sie von Soldaten geweckt und erfuhren, dass Ahmed tot war. Sie sagten, sie würden ihnen den Leichnam über geben …“
„Aber sie nahmen sie mit und ließen sie mitten in der Nacht in Israel auf der Straße stehen …“
„Sie liefen 10 Kilometer bis zu einer Tankstelle … dort mussten sie wegen der Ausgangssperre bis 4 Uhr warten, bevor sie nach Gaza konnten …“
„Uns hatte in Rafah niemand angerufen. Die Soldaten verhängten eine Ausgangssperre über die Stadt … wie sollte ich da ins Krankenhaus kommen, um meinen Sohn zu besuchen?“
„Als die beiden, die bei Ahmed geblieben waren, im Lager ankamen, sprachen sie mit meinem Sohn, Ahmeds Bruder …“
„Mein Sohn wollte es mir nicht direkt sagen. Er sagte: ‚Wenn er tot ist, ist er besser dran als wir.‘ ‚Nein‘, rief ich und ich wusste, dass Ahmed tot war …“
„Mein Sohn und mein Mann gingen zur Militärverwaltung, um Ahmeds Leichnam abzuholen. Sie sagten, sie würden ihn um acht Uhr bringen …“
„Wir wollten ihn neben seinem Bruder begraben, aber die Soldaten lehnten das ab … bis wir bei einer Menschenrechtsorganisation in Jerusalem anriefen. Sie setzten sich für uns ein …“

„Mit der Beerdigung war es wie beim ersten Mal. Die Soldaten brachten den Leichnam erst um 1 Uhr nachts. Nur die Familie durfte dabei sein…“
„Sie ließen uns fünf Minuten Zeit, ihn zu waschen. Ich hatte Tücher zum Einkleiden des Leichnams vergessen. Ich wollte sie holen, aber die Soldaten ließen mich nicht gehen…“
„Sie lachten mich aus…“
„Während der Totenfeier stürmten die Soldaten unser Haus. Sie schlugen die Frauen. Sie verletzten meinen ältesten Sohn am Kopf. Sie wollten ihn mitnehmen…“
„Alle Frauen kamen aus ihren Häusern und beschimpften die Soldaten…“
„Sie stießen uns in ein Zimmer und hielten die Tür zu…“
„Aber ich zerschlug ein Fenster und kletterte hinaus…“
„Sie konnten meinen Sohn nicht abführen, weil so viele Leute da waren, aber sie nahmen seinen Ausweis mit…“
SIEBEN MONATE NACH AHMEDS TOD STARB MEIN MANN…
ER HATTE EIN KRANKES HERZ…
BIS ZUM LETZTEN TAG VERWEIGERTEN SIE IHM DIE ERLAUBNIS, ZUR BEHANDLUNG NACH ÄGYPTEN ZU FAHREN…
ER STARB AUF DEM WEG DORTHIN…

Nun, es wird spät, wir sind seit eineinhalb Stunden hier, wir sind völlig fertig und ich will noch zur ägyptischen Grenze, um mit einer Familie zu reden, deren Haus abgerissen wurde, bevor ich nach Gaza-Stadt zurück fahre und ein Nachttaxi nach Jerusalem nehme…
SAG IHR BITTE, ICH BEDANKE MICH, DASS SIE SO OFFEN ZU MIR WAR. ICH WEISS, ES MUSS SCHWER SEIN, DAS ALLES EINEM FREMDEN ZU ERZÄHLEN…
SAG IHR, WIR MÜSSEN LOS. UND SAG IHR…
Aber sie ist noch nicht fertig! Hatten wir nicht einen gründlichen Durchlauf? Wir haben ihre Söhne erschossen, wir sind mit ihnen von Krankenhaus zu Krankenhaus gehetzt, wir haben sie mitten in der Nacht begraben, ihre Fotos haben auf uns heruntergestarrt und wir haben sogar Ahmeds blutgetränkte Schultasche angefasst … was jetzt noch?
SIE FRAGT, WOZU ES GUT IST, MIT DIR ZU REDEN.
HÄ?
SIE SAGT, SIE WURDE SCHON OFT INTERVIEWT, SOGAR VOM ISRALISCHEN FERNSEHEN. SIE SAGT, DAS IST SIE GEWOHNT.
SIE WILL WISSEN, WAS ES IHR BRINGT, MIT DIR ZU REDEN. WIR WOLLEN KEIN GELD, SAGT SIE, WIR WOLLEN UNSER LAND, UNSERE MENSCHENWÜRDE.
SIND WIR NICHT AUCH MENSCHEN?
JA, NATÜRLICH … SAG IHR, ICH WEISS, DASS DIE AMERIKANISCHE HALTUNG NICHT GERECHT IST … SAG IHR, ICH HOFFE, DASS MEINE ARBEIT…
SIE SAGT, ÜBER AMERIKA UND ENGLAND WEISS SIE BESCHEID…
ABER WAS IST MIT DEN LEUTEN IN DEUTSCHLAND? WAS IST MIT ITALIEN UND JAPAN?

SAG IHR, DIE MEISTEN MEINER BEKANNTEN IN DEUTSCHLAND UNTERSTÜTZEN DIE SACHE DER PALÄSTINENSER. SAG IHR …
NUR MIT WORTEN, SAGT SIE.
SIE SAGT, WAS SOLL DAS?
WIE SOLLEN WORTE ETWAS VERÄNDERN?
ES MUSS GEHANDELT WERDEN, SAGT SIE.
TJA …
SAG IHR, ICH WEISS NICHT, WAS ICH IHR SAGEN SOLL.
WO SIND MEINE SCHUHE?
Aber jetzt bedankt sie sich bei mir, bietet mir wieder Tee an …
SAG IHR, DANKE, ABER WIR MÜSSEN LOS.
Moment! Sie will mir noch etwas zeigen! Sie ruft ihren ältesten Sohn …
Seht ihr das? Wo ihn die Soldaten auf den Kopf geschlagen haben? Seht ihr die Narbe?
Narben? Ich habe Narben gesehen! Und Wunden! Was kommt jetzt? Die ägyptische Grenze? Die Familie, deren Haus niedergewalzt wurde?
Wie spät ist es?

ZUR ÄGYPTISCHEN GRENZE?
JA.
Ich weiß, wir sind alle erschöpft, aber wir haben es fast geschafft und dann kann ich Rafah auf meiner Liste abhaken...
An der Grenze ruft eine Frau über Stacheldraht und Zäune und Niemandsland hinweg jemandem in Ägypten etwas zu...
WAS SAGT SIE?
WIE GEHT'S DIR DA DRÜBEN? GRÜSS SOUNDSO...
1977 war Sadat in Jerusalem, der Friedensnobelpreis wurde geteilt und Ägypten und Israel schlossen einen Separatfrieden. Ägypten erhielt die Sinaihalbinsel zurück, die Israel '67 erobert hatte, und die beiden Länder einigten sich auf eine Grenze, die mitten durch die palästinensische Stadt Rafah gewalzt wurde. Die meisten Bewohner von Rafah leben auf dieser Seite, aber ein paar Tausend sitzen seither in Ägypten fest...
Zwei Frauen sitzen auf Steinen und warten auf irgendwelche Freunde oder Verwandte auf der ägyptischen Seite...
Wir überlassen sie dem Warten...

Ein paar Straßen weiter erfahren wir es – vermummte Männer vor uns!
Wir lassen das Auto als Teil einer Straßenblockade stehen und sehen uns an, was da los ist …
Es sind zwei Fatah-Jungen, die den Bewohnern von Rafah Botschaften ihrer Führung übermitteln …
DA STEHT: „BLOCKIERT DEN WEG, DER IN DEN SUMPF DES VERRATS FÜHRT UND GEHT DEN WEG DER GUTEN MENSCHEN."
Kluge Worte, wahrhaftig, aber wie spät ist es? Mir bleibt kaum eine halbe Stunde für das nächste Gespräch, und dann muss ich hopp, hopp! nach Gaza zurück, um das letzte Taxi aus der Stadt zu erwischen …

Da sind wir. Begrüßung. Die Leute gehören zu denen, die vertrieben wurden, als Ägypten und Israel Frieden schlossen und ihre Grenze durch Rafah zogen...
Sameh übersetzt wie immer...
DIE ISRAELISCHEN BEHÖRDEN ORDNETEN FÜR DIE PALÄSTINENSISCHEN HÄUSER AUF IHRER SEITE 40 METER ABSTAND ZUR GRENZE AN...
UNSER HAUS STAND EINEN METER NEBEN DER GRENZE.
„Sie zeigten uns ein Stück Land. Sie sagten, wir bekämen das Land und Geld dazu. Aber wir lehnten ab..."
„Einige der Leute, die sich weigerten zu gehen, landeten im Gefängnis ... die Militärs sagten uns, sie würden unser Haus samt seiner Bewohner niederwalzen. Sie gaben uns 24 Stunden Zeit, es zu verlassen..."
„Sie gaben uns 3000 $ und 200 Quadratmeter Land. Aber unser ursprüngliches Grundstück hatte 600 Quadratmeter. Wir mussten ein Jahr im Zelt leben..."
NACH EINEM JAHR BAUTEN WIR EINEN VIER MAL VIER QUADRATMETER GROSSEN RAUM. DARIN LEBTE UNSERE FAMILIE, SIEBEN LEUTE...
SECHS MONATE SPÄTER WAR UNSER HAUS FERTIG. ES HAT FAST 20.000 $ GEKOSTET.
Das war's! Ein Blitzinterview! Eine komplette Tragödie in weniger als 20 Minuten...
248

Jusef bringt uns zum Taxistand. Es ist Zeit, nach Gaza-Stadt zurückzufahren …
WENN MAN RAFAH WIRKLICH SEHEN WILL, BRAUCHT MAN MINDESTENS EINE WOCHE, SAGT ER.
JA. TUT MIR LEID, DASS ICH NICHT MEHR ZEIT HABE.
Vor Gaza-Stadt sind die Straßen unterspült. Wir müssen aus einer anderen Richtung hinfahren …
WELCOME TO GAZA

WILL-KOMMEN IN DER HÖLLE.
Am Taxistand in der Omar-el-Mukhtar-Straße gibt es noch ein Taxi nach Jerusalem …
ER SAGT, ER FÄHRT, WENN ER ZWEI FAHRGÄSTE MEHR HAT.
Zwei Autos biegen mit quietschenden Reifen in die Einfahrt des Schifa-Krankenhauses auf der anderen Straßenseite ein …
WAHR-SCHEINLICH BRINGEN SIE VERWUNDETE.
Ich kaufe Falafel für Sameh …
ES TUT MIR LEID, DASS DU MEINETWEGEN PROBLEME IN DEI-NEM JOB HAST. HOFFENTLICH GEHT ALLES IN ORDNUNG.
WIR WERDEN SEHEN.
Ich entschuldige mich noch einmal und bedanke mich für alles …
KOMMST DU IN ZWEI JAHREN WIEDER?
DAS WÜRDE ICH GERN. ICH VERSUCH'S. KOMMT DARAUF AN. ABER ICH WÜRDE SCHON GERN.

DAS HOCHZEITSFEST GESTERN HAT MIR GEFALLEN. ES WAR EINE NETTE ABWECHSLUNG.
JA. HEUTE VERSUCHE ICH MIT MEINEN FREUNDEN EIN GRILLFEST ZU ORGANISIEREN, WENN DAS WETTER BESSER WIRD...
DAS WIRD SICHER LUSTIG.
Jetzt sagt der Chauffeur, dass er erst fährt, wenn der letzte freie Platz besetzt ist. Verdammter Mist...
HÖR MAL, SAMEH, DU MUSST NICHT MIT MIR WARTEN...
DU WIRST SONST DEIN GRILLFEST VERPASSEN.
Wir verabschieden uns und jetzt warte ich allein. Es könnte ewig dauern...
Endlich ist das Taxi voll. Es kann losgehen nach Jerusalem...
Jerusalem! Eine Dusche! Frische Unterwäsche! Die Französin in der Jugendherberge! Die Holländerin!
Aber neben mir sitzt ein Junge, der sagt, er war zwei Jahre in Ansar III, weil er Steine geworfen hat...
Die Fahrt nach Jerusalem dauert eineinhalb Stunden, und er will mir alles erzählen...

NEUNTER TEIL

MIT ANDEREN AUGEN

Sie heißen Naomi und Paula …
SIE MERKEN BESTIMMT, DASS WIR ISRAELIS SIND …
WIR SOLLTEN LIEBER NICHT HEBRÄISCH SPRECHEN …
Ich führe sie zur Stadtmauer oberhalb der arabischen Ortschaft Silwan …
Die Geschichte, wie jüdische Siedler gewaltsam Familien aus Silwan vertrieben und ihre Häuser besetzten, habe ich schon erzählt …
Das war vor acht Wochen, kurz nach meiner Ankunft, und es hat sich nichts geändert …
über Silwan wehen immer noch israelische Flaggen …
DIE SCHWESTER MEINES FREUNDES GEHÖRT ZU DEN HAUSBESETZERN DORT. SIE NENNT DAZU ALLE MÖGLICHEN GLAUBENSGRÜNDE, ABER ES IST NICHT RICHTIG.
ICH WÜRDE NIE DIE GRÜNE LINIE ZUM ARABISCHEN LAND ÜBERSCHREITEN. DAS IST NICHT MEIN LAND DA DRÜBEN.
WENN ICH PALÄSTINENSERIN WÄRE, WÜRDE ICH VIELLEICHT AUCH TERRORISTIN WERDEN, UM MEIN LAND ZURÜCKZUBEKOMMEN …

Ich erfahre, dass meine Begleiterinnen Architektinnen sind...
SIEH DIR SILWAN AN. WIE ES SICH IN DIE LANDSCHAFT FÜGT...
DIE JÜDISCHEN SIEDLUNGEN SEHEN DAGEGEN VÖLLIG DEPLATZIERT AUS...
ICH WÜRDE NIEMALS BAUAUFTRÄGE VON SIEDLERN IM WESTJORDANLAND ANNEHMEN...
ICH KENNE EINEN ARCHITEKTEN, DER EIN RIESENBAUPROJEKT FÜR EINE SIEDLUNG ABGELEHNT HAT...
DIE LEUTE HABEN IHM GESAGT, ER SOLLTE ES MACHEN, ER SOLLTE AN SEINE KINDER DENKEN...
Und was ist mit Paula? Würde SIE an einem Siedlungsprojekt arbeiten?
ICH WEISS NICHT. ICH BIN NICHT SICHER.
Ich erfahre, dass Paula einen Teil ihres Militärdienstes im Westjordanland geleistet hat ... Sie hat Karten für eine IDF-Artillerieeinheit bei Jericho gezeichnet...
JA, MIR HAT ES BEIM MILITÄR GEFALLEN. ES WAREN ZWEI INTERESSANTE JAHRE. ICH HABE LEUTE AUS GANZ ISRAEL KENNEN GELERNT...
VOR ALLEM TYPEN.
VOR ALLEM TYPEN.
ABER EHRLICH, IN DIESER ZEIT HABE ICH BEGRIFFEN, WIE GEFÄHRLICH ES IST, DEN ARABERN DAS LAND ZURÜCKZUGEBEN...
J. SACCO 5.95

Ich führe sie durchs jüdische Viertel zur Klagemauer…
Wir reden noch ein bisschen, dann gehe ich aus der Reserve und erzähle ihnen von meinem Vorhaben, dass ich hier bin, um Palästinenser kennen zu lernen…
DU BIST SEIT ZWEI MONATEN HIER UND WARST NOCH NICHT IN TEL AVIV?
IN HAIFA?
SOLLTEST DU NICHT AUCH UNSERE SEITE DER GESCHICHTE SEHEN?
Was soll ich dazu sagen? Ich sage, Leben lang nur die israelische Seite gehört habe, dass ich, um Israel kennen zu lernen, eine ganz andere Reise machen müsste, dass ich gern mit Israelis reden würde, aber darum war ich ja nicht hier…
Und wie ich mit den zwei israelischen Frauen so dastehe, wird mir klar, dass ich die Israelis schon gesehen *habe*, aber mit palästinensischen Augen – dass die Israelis jetzt auch für mich vor allem Soldaten und Siedler waren…
WOLLT IHR EINEN ABSTECHER ZUM ARABISCHEN MARKT MACHEN?
NEIN, NEIN! DAS IST ZU GEFÄHRLICH!
EUCH PASSIERT NICHTS. ES IST WIRKLICH MALERISCH MIT ALL DEN STÄNDEN UND GESCHÄFTEN. MIR IST DORT NIE ETWAS PASSIERT.
DORT WERDEN JUDEN ERSTOCHEN.
MAN SIEHT ORTHODOXE JUDEN DORT… UND ES SIND IMMER TOURISTEN DA.
ICH GEHE MIT.
ALSO, ICH GEHE NICHT.

Wir begleiten Naomi zu einer Bushaltestelle und biegen dann in die schmalen Gassen zwischen dem christlichen und dem muslimischen Viertel ein...
Paulas Mut scheint zu schwinden...
ICH WAR EINE WOCHE MIT PALÄSTINENSERN IM GAZASTREIFEN ZUSAMMEN. MIR IST NICHTS PASSIERT.
ICH LAUFE EIN- BIS ZWEIMAL AM TAG ZUM DAMASKUSTOR UND ZURÜCK.
ES DAUERT NUR 15 MINUTEN.

wirkt sie nervös?
hoffentlich sagt keiner was
laufen wir zu schnell?
sieht er uns an?
oder die da?
sehr malerisch...
warum hat sie den Blick gesenkt?
sie wirkt nervös
noch zwei Kreuzungen

Nur noch hier durch...
die letzte Biegung
J. SACCO 6.'93
Gott sei Dank!
SIEHST DU!
WIR HABEN'S GE-SCHAFFT!
SO SCHLIMM WAR ES DOCH NICHT, ODER?

Es ist ein warmer, sonniger Tag, das blaue Mittelmeer schwappt an den Strand …
SHERATON
Ich habe meine Jacke ausgezogen, weil es ein so schöner Tag ist, und wenn ich mich an den Strand oder auf eine Bank legen würde, schliefe ich vermutlich ein …
TEL AVIV
Ich bin froh in Tel Aviv zu sein, mit Naomi und Paula, die nicht lockerließen und darauf bestanden, dass ich wenigstens *ein bisschen* was von Israel sehe …
Und wir plaudern unbeschwert über dies und das … über die Arbeit, jüdische Familien, den neuesten Woody Allen … über Beziehungen und Männer …
Und eine von ihnen ist wohl scharf auf mich – vielleicht auch beide. Wer könnte ihnen das an einem Tag wie diesem verdenken?
Gestern war ich total angespannt … ich war in Nablus, einer Stadt, in der es brodelt unter der Besatzung, und gestern …
Nun ja, gestern war nichts Besonderes los in Nablus … Patrouillen … ein paar Steinwürfe, in die andere Richtung rennende Schulkinder … aber Anspannung ist kumulativ … und jetzt reicht der Anblick einer Patrouille, der bloße Anblick …

Und ich verpasste die Leute, die ich treffen wollte ... das Mädchen mit der Schusswunde war nicht mehr im Krankenhaus ...
Und im nahen Flüchtlingslager Balata traf ich meinen Kumpel Jabril nicht zu Hause an ...
Ich wollte mich von ihm verabschieden ... ich fahre bald ... in knapp einer Woche bin ich wieder in Kairo und dann geht's weiter nach Berlin ...
Ach ja, Berlin ...
aber erst einmal fühle ich mich hier in Tel Aviv ganz wohl, weil es meinen westlichen Augen und Ohren irgendwie vertraut vorkommt ...
Auch Naomi und Paula kommen mir vertraut vor, ihre Alltagsprobleme gleichen denen meiner Bekannten in Europa und den Staaten ...
J. SACCO 6.96

*Gamal Abd el-Nasser – in den 50ern und 60ern ägyptischer Staatspräsident und Symbolfigur der von ihm geförderten arabischen Einheit und nationalen Identität

DIE ARABER DREHEN DURCH. SIE HABEN AUCH ANDERE KRIEGE ANGEZETTELT.
DENK AN SADAT. ER KAM NACH JERUSALEM UND WOLLTE FRIEDEN, SCHAU, WAS IHM PASSIERT IST.
ICH WEISS, ABER IN ISRAEL GIBT ES AUCH EXTREMISTEN.
KLAR GIBT ES HIER EXTREMISTEN, ABER NIEMAND HAT MENACHEM BEGIN ERSCHOSSEN, WEIL ER EINEN FRIEDENSVERTRAG MIT ÄGYPTEN UNTERSCHRIEBEN HAT…
NA SCHÖN, ABER AUS DER SICHT DER PALÄSTINENSER IST DIE AUSDEHNUNG DER SIEDLUNGEN AUCH NICHT GERADE VERTRAUENBILDEND.
ICH BIN GEGEN DIE SIEDLUNGEN!
UND WAS IST MIT JERUSALEM? DIE ISRAELISCHE REGIERUNG ZIEHT NICHT EINMAL IN ERWÄGUNG, DEN BESETZTEN TEIL ZURÜCKZUGEBEN…
NEIN, JERUSALEM KÖNNEN WIR AUF KEINEN FALL ZURÜCKGEBEN. DIE STADT DARF NICHT WIEDER GETEILT WERDEN.
SIE IST DAS SYMBOL ISRAELS.
JERUSALEM REPRÄSENTIERT DAS ALTE UND DAS NEUE IN DER JÜDISCHEN GESCHICHTE. DORT STAND DER TEMPEL.
BIST DU GLÄUBIG?
NEIN, ABER JERUSALEM HAT ETWAS, ICH WEISS NICHT GENAU, WAS. DIE STADT STECKT VOLLER GESCHICHTE. IHRETWEGEN SIND DIE JUDEN IN DIESEN TEIL DER WELT ZURÜCKGEKEHRT…
ICH MEINE, KÖNNTEST DU DIR EINE JÜDISCHE HEIMSTATT IN UGANDA VORSTELLEN?
UND WAS IST MIT EINEM PALÄSTINENSISCHEN STAAT? KÖNNT IHR EUCH DAS VORSTELLEN?
ICH WEISS NICHT. MÖGLICH. ABER KÖNNTE ER WIRTSCHAFTLICH ÜBERLEBEN? ICH WEISS, IN DEN FLÜCHTLINGSLAGERN HERRSCHEN SCHLIMME ZUSTÄNDE, ABER IM ALLGEMEINEN GEHT ES DEN ARABERN UNTER DER BESATZUNG BESSER ALS VORHER.
DAS IST WOHL EHER EINE LEGENDE. DIE BESETZTEN GEBIETE WERDEN WIRTSCHAFTLICH UNTERDRÜCKT. ES IST EIN ABHÄNGIGER MARKT UND EINE QUELLE BILLIGER ARBEITSKRÄFTE FÜR ISRAEL…
UND WAS DIE WIRTSCHAFTLICHE LEBENSFÄHIGKEIT BETRIFFT, SOLL DAS EINE VORAUSSETZUNG FÜR DIE BILDUNG EINES STAATS SEIN? WO STÜNDE ISRAEL OHNE DEN GELDSTROM AUS DEN STAATEN?
MIR GEFÄLLT UNSERE ABHÄNGIGKEIT VOM US-GELD NICHT.
J. SACCO 6·95

ABER ABGESEHEN VON ALLEDEM, DIE PALÄSTINENSER WOLLEN SICH SELBST REGIEREN. DIE BESATZUNG IST HART FÜR SIE. WISST IHR WIRKLICH, WAS SICH DORT DRÜBEN ABSPIELT?
DIE ISRAELIS HABEN ES SATT, SICH FÜR DIE BESETZTEN GEBIETE ZU ENTSCHULDIGEN! ES GAB EINEN KRIEG! WIR HABEN DAS LAND IM KRIEG GEWONNEN! JETZT IST ES UNSER LAND!
URGS! BEI UNSERER BEGEGNUNG IN JERUSALEM SAGTE SIE –
Ich will euch nicht provozieren, ich –
VIELLEICHT WEISS ICH NICHT ÜBER ALLES BESCHEID, ABER MEIN BRUDER WAR DORT BEIM MILITÄR UND ANSCHLIESSEND MUSSTE ER ZUM PSYCHOLOGEN …
EIN BEKANNTER VON MIR WAR IN GAZA BEIM MILITÄR UND EIN STEIN HAT IHM DIE NASE GEBROCHEN.
WAS MIT DEN PALÄSTINENSERN PASSIERT, TUT MIR LEID, ABER DIE SOLDATEN ERSCHIESSEN NIEMANDEN OHNE VORWARNUNG …
ERST SCHIESSEN SIE IN DIE LUFT, DANN AUF DIE BEINE, UND WER JEMANDEN ERSCHIESST, OHNE SICH AN DIE VORSCHRIFTEN ZU HALTEN, GEHT INS GEFÄNGNIS. ICH KENNE DERZEIT EINEN SOLCHEN FALL.
ALSO, WENN MAN MIT PALÄSTINENSERN REDET, AUF DIE GESCHOSSEN WURDE, KLINGT ES NACH EINEM WENIGER FEINEN PROZEDERE.
ICH BEHAUPTE NICHT, DASS DIE BESATZUNG MORALISCH UNANFECHTBAR IST …
ABER WAS IST MIT DEN PALÄSTINENSERN, DIE VON LANDSLEUTEN GETÖTET WERDEN, WEIL MAN SIE DER KOLLABORATION MIT ISRAEL BESCHULDIGT?
WAS IST MIT PALÄSTINENSISCHEN TERRORAKTEN?
WAS IST, WENN IN EINEM BUS IN GAZA ISRAELISCHE KINDER VERBRENNEN?
ICH HABE NICHT VOR, SO ETWAS ZU RECHTFERTIGEN …
ABER IST FÜR DICH ALLES TERRORISMUS? WAS IST, WENN DIE PALÄSTINENSER MILITÄRISCH GEGEN DIE BESATZUNGSTRUPPEN VORGEHEN?
HABEN SIE ÜBERHAUPT DAS RECHT DAZU?
WIR WOLLEN BLOSS UNSER LEBEN LEBEN, VERSTEHST DU? WIR HABEN UNSER LEBEN! WIR HABEN EINEN JOB, EINE FAMILIE, UND WIR WOLLEN EINFACH LEBEN, GENAU WIE IHR … WIR DENKEN NICHT STÄNDIG AN DIESE DINGE, UND WIR HABEN ES EIN BISSCHEN SATT, STÄNDIG DARAN ERINNERT ZU WERDEN!
WIR HABEN ES NICHT WIRKLICH SATT …
ABER WENN MAN ES IMMER UND IMMER WIEDER HÖRT, HAT MAN ES IRGENDWANN …
SATT …
J. SACCO 6.95

Ich hab's auch satt, mir geht die Puste aus, Mann, ich zähle die Tage ...
aber am nächsten Tag bin ich wieder in Nablus, ich bin unterwegs in den Norden, mein letzter Ausflug ...
und ich erlebe eine freudige Überraschung ...
UNVERHOFFTES WIEDERSEHEN
In einer so großen Stadt läuft mir ausgerechnet Jabril, mein Freund aus Balata, über den Weg ...
ICH WAR VOR ZWEI TAGEN BEI DIR, UM MICH ZU VERABSCHIEDEN, ABER DU WARST NICHT DA. ICH DACHTE NICHT, DASS ICH DICH NOCH EINMAL SEHEN WÜRDE.
WAS FÜR EIN GLÜCK.
DAS ZEIGT MIR WIEDER, DASS GOTT GROSS IST!
Wir plaudern fröhlich ... ein paar Minuten lang ... drei, vier ... wir plaudern –
PENG PENG PENG
wer schießt?
Auf wen?
Steine!
kullern über die Straße!
Auf was?
EIN SIEDLER-BUS.
was? wo?
J. SACCO 6.95

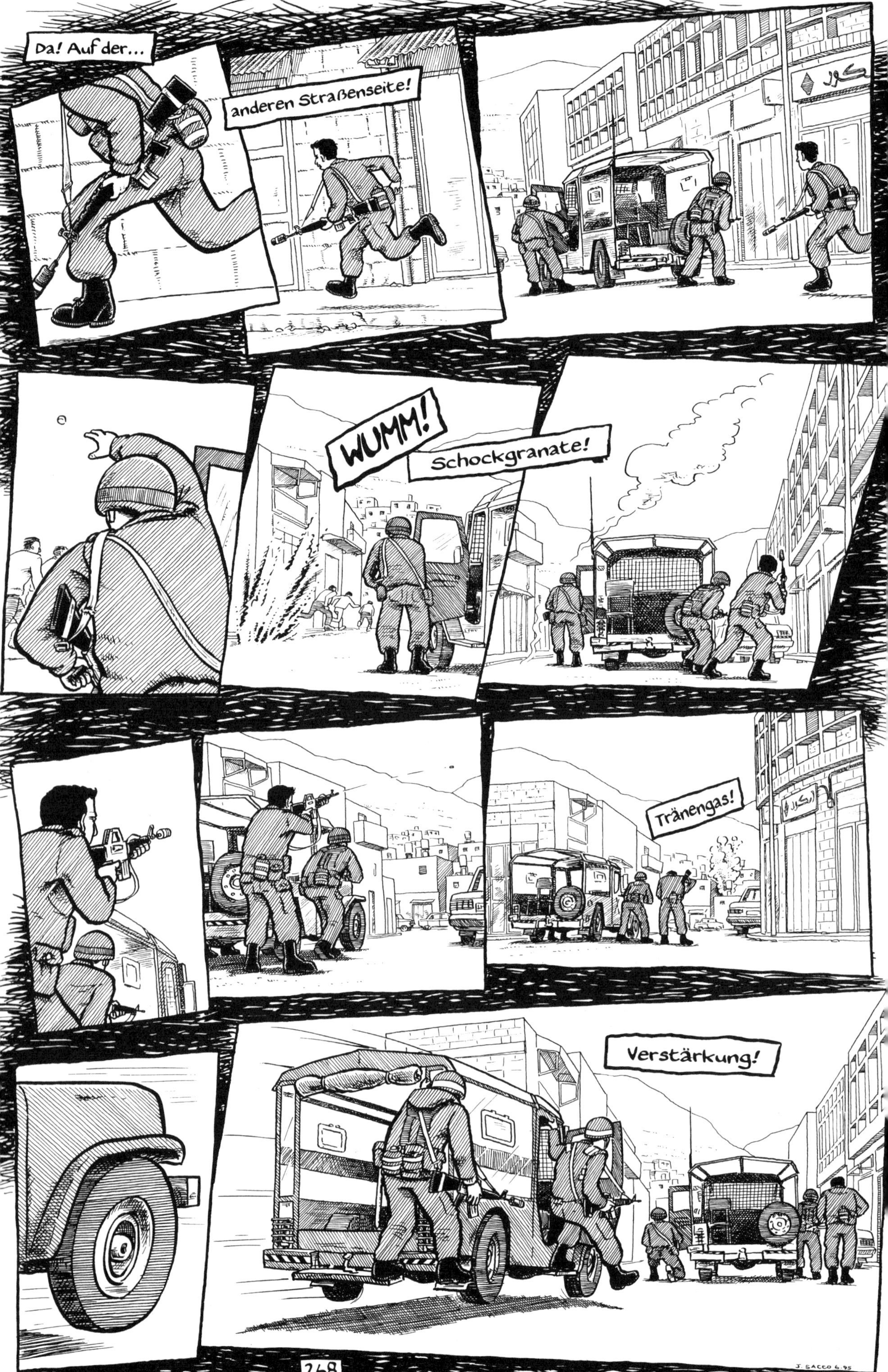
Da! Auf der...
anderen Straßenseite!
WUMM!
Schockgranate!
Tränengas!
Verstärkung!
J. SACCO 6.95

Mehr Tränengas!
Das Tränengas fliegt hoch...
und landet auf den Dächern der Altstadt...
hoffentlich nicht in einem Küchenfenster...
Als ich mich zu Jabril umdrehe, hat er sich etliche Meter entfernt...
Ich hatte meine Kamera rausgeholt und er würde sich nicht gerade beliebt bei den IDF-Soldaten machen, wenn sie ihn mit mir sähen...
Nach dem Zwischenfall scheint unsere Begegnung nicht mehr ganz so glücklich. Nach wenigen Minuten gehen wir auseinander...
J. SACCO 6·95

Ich bin über Nacht in einem Dorf im Norden …
Ich habe eine palästinensische Krankenschwester kennen gelernt, die von hier stammt …
Die Stimmung ist locker, wir reden nicht über Palästina und die Besatzung …
Heute Abend geht es um die Liebe …
Sie erzählt mir von ihren zwei Jahren in Australien, von dem Liebsten, den sie dort hat …
Sie hat ein Fotoalbum und zeigt ihn mir …
Sie sagt, sie kann ihn nicht heiraten, weil das hier gesellschaftlich unmöglich ist …
Glaubensunterschiede, kulturelle Unterschiede …
Ich versuche ihr das irgendwie auszureden … ihr wisst schon: „We can work it out, we can work it out …"
Nein, nein, wehrt sie ab ihre Liebe stand immer unter einem schlechten Stern …
ZUCKER
Unterdessen probiert ihre Mutter neue Varianten des Teerituals an mir aus …
Mit jedem Glas steigert sie die Zuckermenge … Ich versuche höflich zu bleiben, aber meine Kehle brennt …
Und sie löffelt immer mehr hinein! Der Zucker kann sich unmöglich auflösen!
Am Ende muss ich mich wehren: „Kann ich noch etwas Tee in meinen Zucker haben?" Und meine Freundin hält die Hand ihrer Mutter fest …
Am nächsten Morgen hören wir im Radio, dass hinter der grünen Linie bei Dschenin drei israelische Soldaten totgeschlagen wurden …
Ich bin um elf in Dschenin verabredet … aber im Radio sagen sie nichts Genaues … hat die Armee Dschenin abgeriegelt? Komme ich irgendwie rein? Komme ich auch wieder raus?

Nablus, wieder in Nablus …
und hier sagen mir die Taxifahrer, ihres Wissens kann man nach Dschenin und wieder zurück …
Ich habe noch etwa eine Stunde totzuschlagen …
NABLUS
In Nablus ist einiges los …
Die Vormittagseinkäufe werden gemacht …
Zwei Händler rufen mich, schenken mir Kaffee ein …
Der Orangensaftverkäufer salutiert zum Scherz, als ich vorbeigehe …
J. SACCO 6.95

Und dann tauchen die Soldaten auf...
o Mann!
sie haben diesen Blick!
gestern Nacht ist jemand in ein Zelt geschlichen –
ein Massaker!
drei von ihnen!
sie schlagen zu!
ein Händler!
sie brüllen!
deuten auf ihn!
überprüfen!
Bananen, ja?
eine falsche Bewegung, und –
was jetzt?
die Soldaten
rennen
der Orangensaftmann
an die Wand gedr
ängt
klatsch
klatsch
klatsch
mehr?
mehr?
willst du mehr?

Aber sie rennen wieder
über die Straße
Zurück
wieder rüber
wer jetzt?
Ein Paar Städter
starr vor Schreck
warten
und beobachten
andere
gehen ihrer Beschäftigung nach
als wäre nichts passiert
Unterdessen sind die Würfel gefallen!
Die Entscheidung der Soldaten ist endgültig!
Und der Verlierer ist -
der Kassettenverkäufer!
Sie haben ihn eingekreist!
Sie brüllen auf ihn ein!
Sie packen ihn am Kragen
sie zerren ihn eine Treppe hinauf
in eine Bank
und ich wette, sie unterhalten sich da drinnen nicht über zinsgünstige Spareinlagen...
während einer Wache steht...

Die Soldaten kommen aus der Bank gerannt…
wieder Drohungen!
Gebrüll!
Sie setzen ihre Hetzjagd auf der Straße fort…
Mittlerweile sind mehr Soldaten aufgetaucht, Drei-Mann-Patrouillen, aber diese Typen wirken nervös, haben weiche Knie, drei Kameraden abgeschlachtet gestern Nacht…
Das war's! Ich mache mich vom Acker…
ich bin auf dem weg nach Dschenin…
aber ich sollte aufpassen, wohin ich gehe…
Upps!
Verzeihung!
DSCHENIN?
DSCHENIN.
J. SACCO 7.95

Mami kann hopphopp und kuckuck machen, so viel sie will, das Baby schreit weiter...
noch ein paar Dezibel, und uns platzt das Trommelfell...
Dem Romeo neben mir macht das nichts aus...
er ist hektisch und aufgeregt, er hat mehr im Sinn, als sein Englisch aufzufrischen...
und am Himmel kreisen seit einer Ewigkeit drei Kampfbomber...
ich will ja niemanden beleidigen, aber ich fühle mich etwas klaustrophobisch...
STRASSENSPERRE
vier Meter...
stopp!
drei Meter...
stopp!
ein Meter...
stopp!
eine Stunde...
eineinviertel Stunden...
meine Verabredung in Dschenin kann ich vergessen...

Straßensperre vor uns…
sie suchen die Mörder …
drei israelische Soldaten gestern Nacht ermordet…
vier Meter…
stopp!
ein halber Meter…
stopp!
zehn Zentimeter…
stopp!
die Siedler mit ihren gelben Nummernschildern brausen vorbei…
Straßensperren gelten für blaue Autokennzeichen aus dem Westjordanland, für Palästinenser…
das Baby ist immer noch am…
der Romeo ist…
und die Kampfbomber…
haben die denn im Libanon nichts zu bombardieren?

Muss mich beruhigen, hatte bisher Glück bei Straßen-sperren, wurde nie von den Soldaten rausgeholt… musste ihnen nie meine Tasche zeigen… haben sich nie meine Tagebücher und Notizen angesehen… da stehen Namen und Adressen drin… jemand könnte Schwierig-keiten bekommen… man hört so manches…
„bloß nicht ausflippen, Mann"
aber sie halten uns nicht an…
sie werfen kaum einen Blick in den Wagen…
Ich bin der König aller beschissenen Straßensperren!
TAXI
J. SACCO

DSCHENIN
Klar, ich bin zu spät gekommen und habe meinen Termin verpasst, also wandere ich ziellos herum, bis ich einen älteren Herrn treffe, einen ehemaligen Lehrer … er sitzt im Blickfeld israelischer Soldaten, die auf einem Dach Stellung bezogen haben, und stellt Betrachtungen über die Zukunft Palästinas und der Palästinenser an …
„SEIN ODER NICHTSEIN … DAS IST HIER DIE FRAGE."
„HAMLET"
JA. SHAKESPEARE. SEHR GUTE STÜCKE. „JULIUS CAESAR"! UND SHAW!
WAS IST MIT ARABISCHEN DICHTERN?
ALLES IDIOTEN.
GIBT ES GUTE ARABISCHE POLITIKER?
NEIN.
UND NASSER?
NEIN. NEIN.
KEINEN EINZIGEN?
SALADIN!*
*Saladin – arabischer Sultan, kämpfte im 12. Jh. gegen die Kreuzfahrer
WIR HABEN KEINE STAATSFÜHRUNG. ARABISCHE REGIERUNGEN SIND WIE DER SCHWANZ EINER SCHLANGE, UND DER KOPF DER SCHLANGE IST ENGLAND ODER AMERIKA. ABER AM SCHLIMMSTEN WAREN DIE BRITEN.
WIE WERDEN DIE ISRAELIS IHRER MEINUNG NACH REAGIEREN, WERDEN SIE HÄRTER VORGEHEN, WEIL DREI IHRER SOLDATEN GETÖTET WURDEN?
HÄRTER, WEICHER, WEICHER, HÄRTER, DAS IST VÖLLIG EGAL … ES WIRD BIS IN ALLE EWIGKEIT SO WEITERGEHEN.
WAS IST MIT DEM FRIEDENSPROZESS?
DER WAR SCHON BEI SEINER GEBURT TOT. FRIEDENSPROZESS, LÜGENPROZESS.
J. SACCO 8·95

DA KOMMT MEIN FREUND.
SALAM ALAIKUM.
ALAIKUM AS-SALAM.
UNSERE POLITIKER? JA, ICH MAG UNSERE POLITIKER. SIE SIND GUT - DIE IN PALÄSTINA UND DIE IN ANDEREN LÄNDERN.
DIESER MANN, DIE ISRAELIS HABEN SEIN HAUS ZERSTÖRT.
JA, SIE HABEN ES GESPRENGT.
SEIN SOHN WARF EINEN MOLOTOW-COCKTAIL. ER SITZT 11 JAHRE.
WIE VIELE MENSCHEN WOHNTEN IN IHREM HAUS?
NEUN.
NEUN PLUS NEUN PLUS NEUN PLUS NEUN…
IMMER SO WEITER!
GLAUBEN SIE, DASS ES FRIEDEN GEBEN WIRD?
NICHT DURCH DEN FRIEDENSPROZESS, GLAUBE ICH.
WIR ARABER HABEN EINE RELIGION, EINE GESCHICHTE …
EINES TAGES WIRD ES IN JORDANIEN, IN SYRIEN EINE NEUE FÜHRUNG GEBEN… UND DANN…
WIR WOLLEN UNSERE FREIHEIT HABEN!
UND WIR WERDEN SIE UNS NEHMEN!
SIE WERDEN SEHEN! SIE WERDEN SEHEN!
SIE SIND ANDERER MEINUNG ALS IHR FREUND?
JA, ER GLAUBT, WIR WERDEN HILFE VON ANDEREN ARABISCHEN REGIERUNGEN BEKOMMEN.
WISSEN SIE, DASS DIE ISRAELIS NICHT DIE JUDEN SIND? DIE SOLDATEN SIND NICHT DIE JUDEN. WISSEN SIE, WER DER JUDE IST? MUBARAK! WEIL ER SEIN VOLK BETRÜGT, UND ER TUT DAS ALLES FÜR AMERIKANISCHES GELD.
WAS HALTEN SIE VON ISRAELISCHEN POLITIKERN? SCHAMIR?
EIN GUTER MANN! ER ARBEITET FÜR SEIN VOLK!
UND ES WIRD NIEMALS FRIEDEN GEBEN!
NIE!
J. SACCO 8·95

SIE GLAUBEN NICHT, DASS DIE ISRAELIS ABZIEHEN?
SIE WERDEN NICHT ABZIEHEN. HÖCHSTENS DIE FLUCHT ERGREIFEN.
SEHEN SIE, WIE SIE UNS VOM DACH AUS BEOBACHTEN? SIE MÜSSEN AUFPASSEN...
DENN WENN SIE SCHLAFEN, WERDEN WIR...
GRRKK
KÖNNEN JUDEN UND PALÄSTINENSER IN ZWEI STAATEN MITEINANDER LEBEN?
NIEMALS! SIE WOLLEN DIESES LAND, WIR WOLLEN DIESES LAND. SELBST WENN SIE HINTER DER GRÜNEN LINIE BLEIBEN, WAS IST, WENN ICH EINE HÖHLE BEI HAIFA BESITZE? ES IST IMMER NOCH MEINE HÖHLE!
SALAM ALAIKUM.
ALAIKUM AS-SALAM.
DIESER MANN HATTE LAND UND EIN HAUS HINTER DER GRÜNEN LINIE, SIE HABEN ES IHM WEGGENOMMEN ... JETZT GEHÖREN SEINE OLIVENBÄUME DEN ISRAELIS. FRAGEN SIE IHN, OB ER JE AUF SEIN LAND VERZICHTEN WIRD ...
WAS SAGT ER?
ER SAGT, WENN SIE IHM DAS GANZE LAND VON HIER BIS PAKISTAN GEBEN WÜRDEN, WÜRDE ER NICHT AUF EINEN EINZIGEN STEIN DES LANDES VERZICHTEN, DAS SIE IHM WEGGENOMMEN HABEN.
HA HAHA HA HA HA HAHA
WISSEN SIE, WAS DER FRIEDENSPROZESS IST? UNSERE PALÄSTINENSISCHEN POLITIKER UNTERZEICHNEN PAPIERE, DIE DAS, WAS DIE ISRAELIS GETAN HABEN, LEGALISIEREN ... ABER ES SPIELT KEINE ROLLE. SOLLEN SIE ES LEGALISIEREN ...
ES ÄNDERT GAR NICHTS!
J. SACCO 8.95

EIN JUNGE IM REGEN
In Jerusalem lernte ich einen Iren kennen, der in Oxford studierte und anglikanischer Priester werden wollte, aber er interessierte sich für das gesamte jüdisch-christliche Religionsspektrum... er war ein Kenner... ein echtes Religionstalent...
er schritt die Stationen des Kreuzwegs mit den Franziskanern ab...
... nahm an den Vespern der armenisch-orthodoxen Gemeinde teil...
... und selbstverständlich faltete er die Hände zum Gebet in der Kirche des Heiligen Grabes...
Freitags zog er mit Kopftefillin zur Klagemauer, wo er ungeniert eine jüdische Großmutter erfand, um von Chassiden zum Sabbatmahl eingeladen zu werden...
Mich interessierte dieser ganze Quatsch wenig, ich war auch hierher gekommen, aber mit einem anderen Anliegen – ihr wisst schon, die Palästinenserfrage...
Der Ire, der mit ein paar Oliven und gemischten Salatblättern wahre Wunder vollbringen konnte, wohnte einige Wochen in der Herberge, und es dauerte nicht lange, da aßen wir zusammen und erzählten uns unsere Tageserlebnisse...
er berichtete strahlend, wie er den Ring des hier weilenden Erzbischofs von Canterbury geküsst hatte...
ich ließ mich über Ramallah und die Schockgranaten aus...
Wir erlebten wohl beide die Erfüllung unserer Träume...
J. SACCO 8·95

Nur einmal, am Heiligen Abend, kreuzten sich unsere sonst so verschiedenen Wege in Bethlehem …
Er wollte hier natürlich die Christmette besuchen. Selbst ich als längst nicht mehr praktizierender Katholik beugte das Knie in der Katharinenkirche …
Aber ich hatte die Nase bald voll von den Pilgermassen, dem Gedränge, dem Sprachengewirr, und außerdem versperrte mir ein Pfeiler die Sicht …
Ich verließ daher meinen irischen Freund, der mit geschlossenen Augen der lateinischen Liturgie lauschte, und suchte mein Glück draußen, zwischen den nervösen israelischen Soldaten mit ihren Sicherheitschecks …
Ich musste nicht lange suchen – die Menge (diejenigen, die keinen Platz in der Kirche erobert hatten) konnte die Messe auf einer großen Leinwand verfolgen, die am Krippenplatz an der Fassade des Polizeipräsidiums hing …
Ich möchte behaupten, dass wir beide rundum zufrieden waren, als wir Bethlehem in dieser Nacht verließen – er hatte ein weiteres Religionsspektakel im Säckel und ich eine weitere bittere Ironie der Besatzung zu verzeichnen …
aber so ist es, wenn man ins Heilige Land kommt, nach Palästina, nach Israel oder wie immer man es nennen möchte … niemand, der hier etwas Bestimmtes sucht, fährt wieder ab, ohne es gefunden zu haben …
J. SACCO 8·95

Einige Wochen später, im Bus nach Kairo, saß neben mir eine Frau, die auch gefunden hatte, was sie hier suchte …
Sie war eine Jüdin aus New York, ein Großteil ihrer Familie war im KZ umgekommen, sie war in letzter Sekunde aus Deutschland gebracht worden … und sie hatte in ihrem Urlaub drei Wochen freiwilligen Dienst in der israelischen Armee geleistet … Sie war gekommen, um das schöne, lebendige, bedrängte Israel zu sehen, und sie fuhr auch nicht enttäuscht nach Hause …
ISRAEL IST WUNDERBAR …
DIE ISRAELIS SIND WUNDERBAR …
ES IST NUR TRAURIG, DASS DIESE JUNGEN MENSCHEN BEWAFFNET HERUMLAUFEN MÜSSEN, WEIL STÄNDIG GEFAHR DROHT …
UND DAS NACH ALLEM, WAS IHR VOLK DURCHGEMACHT HAT …
NA JA, DIE GESCHICHTE ISRAELS HAT AUCH NOCH EINE ANDERE SEITE. DIE PALÄSTINENSER –
ICH SAGE NUR, ICH WILL FRIEDEN.
Ja, ja, wir alle wollen Frieden, was immer das ist, aber Frieden kann auch verschiedene Bedeutungen haben und wird nicht von allen, die ihn sich erträumen, in gleicher Weise definiert …
An einem meiner ersten Tage in Jerusalem ergab es sich, dass ich mit einem Palästinenser, einem Israeli und zwei Amerikanern, die die Pressearbeit für eine unabhängige Hilfsorganisation machen, im Hinterzimmer eines arabischen Schmuckhändlers saß. Wir sprachen über den Friedensprozess und überlegten, wie eine Lösung am ehesten aussehen konnte …
MANCHMAL DENKE ICH, EIN GEMEINSAMER PLURALISTISCHER STAAT VON ARABERN UND JUDEN WÄRE AM SINNVOLLSTEN – AUF LANGE SICHT JEDENFALLS.
ICH GLAUBE, DIE MEHRHEIT HÄLT HEUTE EINE ZWEI-STAATEN-LÖSUNG FÜR DAS REALISTISCHSTE UND AUSSICHTSREICHSTE MODELL.
J. SACCO 8·95

Der Israeli hörte sich unsere kleine Debatte eine Weile an, dann sagte er –
ICH GLAUBE, DER FRIEDEN HÄNGT LETZTLICH NICHT DAVON AB, OB ES EIN ODER ZWEI STAATEN SIND. NATÜRLICH IST DAS EINE WICHTIGE FRAGE, ABER WO LIEGT DER UNTERSCHIED ZWISCHEN ZWEI RASSISTISCHEN STAATEN UND EINEM RASSISTISCHEN STAAT … ODER WENN EIN RASSISTISCHER STAAT EINEN ANDEREN BEHERRSCHT? DIE FRAGE IST, OB ZWEI VÖLKER GLEICHBERECHTIGT NEBENEINANDER LEBEN KÖNNEN.
Und mir fällt ein anderes Erlebnis ein, das ich einen Monat später in Jerusalem hatte…
Eine Gruppe israelischer Soldaten hielten einen palästinensischen Jungen von 12 oder 13 Jahren an…
Die Soldaten stellten sich unter ein Vordach, dann zwangen sie den Jungen, seine Kefije abzunehmen, und zeigten ihm, wo er stehen sollte – im Regen…
Für den Jungen war das vielleicht eine von vielen Demütigungen, schlimm genug in seiner Sicht der Dinge, aber nicht schlimmer als andere, die er erlebt hatte… ich weiß es nicht…
und ich war wegen der Besatzung gekommen und hatte gefunden, wonach ich suchte, und hier begegnete es mir wieder und noch etwas anderes…

Der Junge stand da und beantwortete ihre Fragen. Was blieb ihm anderes übrig?
Aber was dachte er?
Etwa: Eines Tages werden wir eine bessere Welt haben, und diese Soldaten und ich, wir werden uns als Nachbarn grüßen?
Oder bloß: Eines Tages –
Eines Tages!
Und abgesehen von all den Demütigung hier und jetzt, abgesehen von den wirklich wichtigen Fragen – dem Status von Jerusalem, der Zukunft der Siedlungen, der Rückkehr der Flüchtlinge etc. –, die aufgeworfen und gelöst werden müssen, wenn es hier je Frieden geben soll, ist da noch etwas –
ein Junge im Regen und was er denkt.
J. SACCO 8.95
Und selbst wenn ich, bevor ich hierher kam, geahnt hätte, was ich hier mit eigenen Augen sah, nämlich was aus einem werden kann, der glaubt, alle Macht zu haben, dann bleibt die Frage –
was wird aus einem, der sich selbst für vollkommen machtlos hält?

Der Bus, der mich zum Grenzübergang bei Rafah bringen sollte, verließ Israel und durchquerte den Gazastreifen…
Wir mieden ängstlich alle palästinensischen Ballungsgebiete, aber es wurde bald klar und jeder sagte es, dass sich der Fahrer verfahren hatte…
In einer israelischen Siedlung erkundigte er sich nach dem Weg…
Aber wenige Minuten später steuerten wir auf etwas zu, das wie eine palästinensische Stadt oder ein Flüchtlingslager aussah…

Man sah schon von weitem, wie Kinder auf beiden Straßen-seiten in Deckung gingen...
Wenn wir weiter fuhren, würden wir ge-steinigt werden...

Der Fahrer setzte den Bus zurück und drehte...

An einem kleinen Militärposten ließ er sich den Weg noch einmal erklären...
J. SACCO 8-95

Inhalt

Über Joe Sacco

Fotografie von Michael Tierney

Joe Sacco wurde in Malta geboren. Er absolvierte ein Journalistikstudium an der Universität von Oregon. Für *Palästina,* seine Comicreportage über einen Aufenthalt in den besetzten Gebieten, erhielt er 1996 den American Book Award, für den gezeichneten Roman *Safe Area Gorazde,* in dem er seine Erlebnisse in Bosnien erzählt, wurde er 2001 mit dem Will Eisner Award for Best Original Graphic Novel ausgezeichnet. Saccos Comicreportagen wurden in den Zeitschriften *Details, Time* und *Harper's* veröffentlicht.